T0153641

Kunst giver liv

Kunst giver liv

om kunst på sygehuse

Ib Hessov

Aarhus Universitetsforlag

Kunst giver liv. Om kunst på sygehuse

© Ib Hessov og Aarhus Universitetsforlag 2005

Omslag, tilrettelægning og sats: Jørgen Sparre

Skrift: Jante

Papir: PhoeniXmotion Xantur 135g

Tryk: Narayana Press, Gylling

ISBN 87 7934 249 3

Aarhus Universitetsforlag

Langelandsgade 177

8200 Århus N

Tlf. 89 42 53 70

www.unipress.dk

Omslagsillustration:

Erik August Frandsen. *Friends.*

Olie på lærred, 160 x 145 cm, 1986

Bogen er trykt med økonomisk tilskud fra

Århus Sygehus

Kræftens Bekæmpelse

C.A.C. Fonden

Danske Bank

Indhold

Prolog

Et sygehusophold kan være forbundet med både gode og dårlige oplevelser. Til de positive hører følelsen af en vellykket behandling og møde med kompetente og omsorgsfulde ansatte, til de negative hører oplevelser af angst, smerte, uro for fremtiden, samtalen om langvarig måske uhelbredelig sygdom.

Hvilken betydning har de fysiske rammer i denne sammenhæng? Rummene, som patienten og personalet færdes og opholder sig i, er i dag rationelt indrettede, funktionelle, teknisk prægede, oftest indrettet og farvelagt uden føling for æstetik og poesi. Afspejler det, hvordan vi prioriterer? Måske. Næsten alle kræfterne og ressourcerne i hospitalsverdenen bruges på at give den bedst mulige, evidensbaserede behandling og den bedste pleje, på uddannelse og udvikling, på afvikling af ventelister, produktion og kvalitetskontrol. Alt dette fylder så meget i tanker og diskussioner, at man helt overser eller fortrænger, hvor triste, nedslidte, kølige eller rodede ens fysiske omgivelser

kan være – og glemmer at tænke på, hvordan mon disse omgivelser påvirker den syge. Er de i virkeligheden med til yderligere at sygeliggøre og dertil at have en afhumaniserende indflydelse på forholdet mellem patient og pårørende og de hvidkitlede?

Kan god kunst på sygehuset gøre en forskel? Kan den for patient og pårørende udgøre oaser af oplevelse, som glæder, provokerer, bortleder tanker om sygdom, ægger til positiv aktivitet? Betyder den noget for arbejdsglæde og forholdet til patienten? Stiller god kunst krav om mere omhu med de fysiske omgivelser? Og kan det overhovedet, i en tid præget af "mangel på tid" og dårlig sygehusøkonomi, lade sig gøre at opbygge en samling af god kunst på et offentligt dansk sygehus?

I bogen vil alle disse spørgsmål blive diskuteret og illustreret med eksempler fra et sygehus, hvor kunsten har spillet en væsentlig rolle i to årtier.

Let my work be like a poem
set to music by a painter

Joan Miro

7

Lars Nørgaard. Gaby robbed,
akryl på lærred 190 x 260 cm, 1983.

Dette meget store billede findes på et trafikknudepunkt mellem
kirurgiske sengeafdelinger, sekretariat og operationsgang, men er
også et sted, hvor patienter og besøgende ofte vil slå sig ned på
den lange smukke bænk, som har stået der siden bygningens ind-
vielse. Maleriet har hængt der siden sygehusets 50-års fødselsdag
i 1985. Lars Nørgaard var dengang en ung fattig kunstner, der
ikke havde råd til at købe så meget godt lærred, hvorfor det er
malet på sengelærred. Det har indtil nu ikke betydet noget for
holdbarheden, og maleriet er uændret en stor øjenåbner for alle,
som giver sig tid til at bruge nogle minutter til at se og opleve.

Maleriet var det største og et af de mest "vilde" på den i dag
kunsthistorisk kendte udstilling, "Uden titel – De unge vilde", i
1983 på Århus Kunstmuseum. Her havde museet inviteret 21
unge kunstnere, født i 50'erne, til at udstille dugfriske værker.

Det blev en varieret og provokerende udstilling præget af energi
og fandenivoldsk malerglæde. Det er også ord, som kan kende-
tegne Lars Nørgaards *Gaby robbed,* men samtidig er der i den
eksplosive energiudladning også en usædvanlig kolorisme, en
sikker komposition og en mærkelig samlet ro over billedet som
gør, at maleriet bliver ved med at være en spændende og flot
udfordring.

Om Lars Nørgaard og hans billedverden se også side 23-25,
97, 103 og 109.

*Det er vigtigt at forstå,
at det er et spørgsmål om at se
og blive ved med at se.*

Mads Øvlisen, 1999

Historien – historierne – om kunsten på sygehuset

Startskuddet

Al kunsten gengivet i denne bog er en del af billedud-smykningen på Amtssygehuset i Århus, en samling opbyg-get gennem de sidste 18 år.

Det hele startede i 1985, da sygehuset skulle fejre 50 års fødselsdag. Vi kunne forvente, at sygehuset fik gaver, men hvad skal man give et sygehus? En lys idé opstod. Hvorfor ikke hjælpe alle venner af og leverandører til sygehuset af med dette problem. Vi oprettede en kunst-fond, skrev statutterne for dennes virke, og sendte et brev til alle potentielle givere, hvoraf det fremgik, at vort fød-selsdagsønske var midler til køb af kunst til sygehuset. Af statutterne vedlagt brevet fremgik det, at kunne man tænke sig at forære sygehuset et helt kunstværk, da skulle vi, bestyrelsen for fonden, være med til at bestemme hvil-ket og gerne komme med forslag hertil. Endvidere blev det pointeret, at kunst foræret sygehuset eller indkøbt via fon-den som en selvfølge skulle udsmykke de områder, hvor patienterne opholdt sig eller færdedes. Ønsket om kunst til sygehuset blev yderligere spredt til byens indbyggere ved, at jeg skrev et indlæg om "dette dejlige og inspireren-de formål" i *Århus Stiftstidende*.

Fødselsdagen

Det blev en givtig fødselsdag. Mange breve med mindre og større pengegaver fra taknemmelige patienter, private og firmaer strømmede ind, og vi endte med at have modtaget 80.000 kroner til køb af kunst. Det var mange penge i 1985, i alt fald når man satsede på at købe ung, dansk kunst, og det gjorde vi.

Foruden pengegaverne fik vi tre spændende værker af meget forskellig karakter, men alle kunstværker opfyldte et af vore statutters basale krav: det skulle være god kunst. Med en vis selvfølelse definerede vi god kunst, som kunst intet museum ville skamme sig over at have i samlingen, og de der besluttede, om kriteriet var opfyldt, var os selv, de fire kunstinteresserede i den selvvalgte fondsbestyrelse. De tre store kunstgaver var af Lars Nørgaard, Lars Gösta Lundberg og Lene Adler Petersen.

Det næsten 2 x 3 meter store maleri *Gaby robbed* af Lars Nørgaard var et af de meget markante malerier fra den banebrydende udstilling "De unge vilde" på Århus Kunstmuseum i 1983. Den udstilling, og forløberen "Kni-ven på hovedet" på Tranegården i Gentofte året før, var forfriskende, provokerende øjenåbnere for mange og viste os spændende eksempler på nyekspressionistisk, ung og vild kunst. I de tidlige 80'ere var der ikke stor afsætning på denne nye kunst, og *Gaby robbed* var som de fleste andre billeder fra disse udstillinger ikke blevet solgt. Det blev vort store fødselsdagsønske, et ønske, som blev opfyldt af Århus Amt. Betalingen i 1985 for det store maleri var 15.000 kroner. I dag er priserne noget højere for malerier af ung god kunst. Dengang var det en appelsin i turbanen for den unge Lars Nørgaard både at sælge til "det offentli-ge rum" og få sikret sin økonomi. For os var det et kup at få så markant og flot maleri, som i dag står som et stort, smukt eksempel på den første, danske nyekspressionisti-

Kunst i det offentlige rum tilbyder gratis oplevelser, befriet for spekulation og ejerinstinkt på linie med oplevelsen af stjernehimlen, havet og fremmede byer

Henning Damgaard-Sørensen, 2000

9

ske 80'erkunst. I 2003 blev et lige så stort maleri af Lars Nørgaard købt for det tidobbelte af Statens Museum for Kunst.

Det store maleri blev hængt op på reposen mellem to kirurgiske afdelinger og operationsgangen, et sted med stor trafik. Det var i de første år en provokation for mange, og en enkelt portør nægtede sågar at køre patienterne den vej til operation, da han mente, det ville ophidse dem for meget, før de skulle bedøves.

Galleri Specta var den gang stedet, hvor man så den nyeste kunst i Århus, ja var det første galleri i landet, som modigt satsede på den unge generation af "vilde malere" som Lars Nørgaard, Erik A. Frandsen, Peter Bonde, Claus Carstensen, Anette Abrahamsen, Dorthe Dahlin og Nina Steen Knudsen. Vi fik megen inspiration til kunstindkøb i dette fremsynede galleri gennem de følgende år. Også Poul Gernes, Bjørn Nørgaard og Lene Adler Petersen udstillede her, og det blev et usædvanligt oldnordiskkunst-inspireret rakubrændt keramisk relief af sidstnævnte, der blev Hede Nielsen Fondens gave til os (ses side xx).

I Århus var vi godt orienteret om moderne svensk kunst, fordi svenske malere ofte udstillede hos Peter Bøgh Sørensen i galleri Clemens. Der fandt vi det smukke, enkle non-figurative maleri af Lars Gösta Lundberg, som blev Provinsbankens fødselsdagsgave til os. Det maleri blev et eksempel på kunst, som hospitalets personale umiddel-bart accepterede og værdsatte. Det var ikke altid tilfældet med den kunst, som i de følgende år fandt plads på hospitalets vægge. Maleriet er også det eneste, som nogensinde er blevet stjålet fra sygehuset.

Det kan ikke svare sig at stjæle god kunst.

Historien om det tyveri skal fortælles, fordi den siger noget om, at det ikke kan betale sig at stjæle god kunst. Maleriet hang på en repos mellem to sengeafdelinger. En trappe i direkte forbindelse med en indgang førte derop. Det var altså let at komme til og derefter bortføre. Det skete en mørk aften. Næste morgen kom en sygeplejerske fra den kirurgiske afdeling og meddelte; "vort maleri er væk". Jeg ringede til kunstanmelder F.C. Garde på *Århus Stiftstidende* og spurgte, om han ville bringe et billede af vort maleri samt en efterlysning i avisen. Det skete næste dag og samme eftermiddag ringede politiet til mig: "Vi har jeres billede". Tyven havde på Århus banegård fået 115 kr. for det 110 x 80 cm store billede. Prisen i galleriet var 12.500 kroner. Køberen havde hængt det op i sin stue, da en kammerat kom på besøg med en nyindkøbt avis i hån-den, så billedet og udbrød, "dit maleri er i avisen i dag". Det blev umiddelbart derpå afleveret på Politigården.

L.G. Lundberg, Solfångaren.
Olie på lærred, 110 x 80 cm, 1985.

L.G. Lundberg er født i 1938, bor og har atelier i Stockholm. Hans malerier fra de senere år adskiller sig fra vores non-figura-tive billede ved at være landskabsbilleder med motiver fra skærgården og fra landskabet omkring Stockholm. Men det er malerier præget af den store tegning i landskabet, havet, himlen og klippeskæret, en enkelt gren eller spinkel tegning kan bryde fladen, og så giver lyset i maleriet og den meget tyste brug af farver en helt speciel stemning. En fin poetisk stemning, som jeg synes at genkende i vort abstrakte maleri.

L.G. Lundberg er anerkendt maler, repræsenteret på så godt som alle svenske kunstmuseer. I Danmark sås hans malerier på "Ibsens samling af nyere kunst", et fint lille privat museum på havnen i Hobro, som desværre nu er ophørt med at eksistere. Malerierne derfra indgår nu i samlingen på Randers kunstmuseum.

Moralen er: kunsten skal være registreret og fotodokumenteret, og det kan ikke svare sig at stjæle den. I ukyndige hænder vil den kun kunne indbringe et beskedent beløb. God kunst afsættes nemlig gennem kanaler som gallerier og auktioner, som hurtigt kan blive orienteret om og genkende stjålen kunst.

Ni magre år

Efter at pengene fra fødselsdagsgaven var brugt, fulgte ni år, hvor vi kun havde beskedne midler til rådighed til indkøb af kunst. Nok var sygehusdirektør Erik Knudsen glad for kunst, ja selv medlem af kunstudvalget, men penge til kunst skulle nu helst skaffes fra andre kilder end sygehusets kasse – noget som vi andre den gang fandt helt naturligt.

Et godt eksempel på vore trængsler var historien om et maleri af Lars Ravn, som vi syntes, at vi måtte have til Amtssygehuset. Det var et stort, flot maleri der udstrålede energi, og så var det inspireret af, ja var en pastiche over Harald Giersings kendte maleri, *Sofus header,* som hang på Århus Kunstmuseum. Der var således gode grunde til, at netop dette billede skulle kunne ses i Århus. Og så var prisen rimelig, nemlig 8.000 kr. Adskillige ansøgninger til fonde og virksomheder resulterede i beskedne 1.500 kr. Vi lånte derpå billedet, hængte det på en fremtrædende plads og foranstaltede en indsamling. Den gav 50 kr. Vi manglede således 6450 kr., og maleriet havde efterhånden været udlånt til os i et halvt år, en tid hvor galleriet og Lars Ravn var blevet holdt hen med pæne og optimistiske bre-

ve. Så, i 1987, bevilligede sygehuset 10.000 kr. til kunstindkøb – en engangsbevilling – og vi kunne betale den tålmodige galleriindehaver.

Uden faste beløb afsat til indkøb af kunst måtte vi i de følgende år satse på private gaver, udlån eller donationer fra fonde.

Foran Aarhus Kunstmuseum stod dengang en 5 meter høj, munter, optimistisk blomsterskulptur af Poul Gernes. Den stod ikke heldigt placeret, under træer og op ad en pragtfuld, men dominerende sort skulptur, *Kællingeknuden.* Vi foreslog JES – museets direktør Jens Erik Sørensen – en meget smukkere placering af blomsterbuketten, midt på en stor plæne mellem patientbygningerne på Amtssygehuset. Han var straks med på ideen, og det samme var Poul Gernes. Det kostbare arbejde med flytning og genopstilling blev, uden beregning, udført af entreprenører og håndværkerfirmaer med kendskab til sygehuset.

Et andet spændende arbejde af Poul Gernes, et linoleumsbillede, der tidligere havde været en del af Poul Gernes udstilling på Bienalen i Venedig i 1989, stod, kun kendt af få, i museets kælder. Det blev udlånt til sygehuset og har siden glædet mange forbipasserende i de sidste 15 år. (se side 75).

Det smukkeste maleri på Nils Erik Gjerdeviks første store udstilling i Jylland, hos galleri Ægidius i Randers, kostede i 1988 12.500 kr. Dem skænkede Rømerfonden os (se side 66).

Uden penge udefra havde vi i disse år ikke midler til store enkeltinvesteringer i malerier, men fik alligevel mulighed for at lave helhedsudsmykninger på flere afde-

Lars Ravn. Rusland-Danmark 1-0.
Olie på lærred .
149 x 122 cm, 1986.

Enhver dansker, der kan sin fodboldhistorie, vil straks se det provokerende i titlen. Den fortæller nemlig, om den eneste kamp Danmark tabte, da det berømte hold med Preben Elkjær, Michael Laudrup, Morten Olsen m.fl. kvalificerede sig til verdensmesterskaberne i Mexico i 1986. I returkampen slog vi Rusland med 4-2 i Parken.

Maleriet er en parafrase bygget over Harald Giersings kendte maleri Sofus header fra 1917 (Aros Aarhus Kunstmuseet) og et konkret maleri af K.S. Malevitj fra 1915 med titlen Football Match.

linger. Det stod os fra begyndelsen klart, at der for hver enkelt afdeling skulle være en samlet idé eller ensartethed i udsmykningen, ikke mindst på gangarealerne, en modvægt til den aktivitet og uorden, som ofte prægede disse områder. Det, vi derfor gerne satsede på, var serier af papirbilleder af samme kunstner, af nært beslægtede kunstnere eller måske bare billeder af samme størrelse og indramning. Som eksempler kan nævnes mappen på syv store offsettryk fra Eksskolen af Per Kirkeby, Poul Gernes, Bjørn Nørgaard m.fl. (1000kr., for alle syv!!), syv litografier, som Dotremont og Mogens Balle gjorde i fællesskab, *Til min Far*, 12 litografier af Lars Ravn, tre serier af silketryk af Poul Gernes, Per Kirkebys originale plakater fra Himmerlands Kunstmuseum. I alle tilfælde var der tale om megen god kunst for få penge.

Vor anden ansøgning til Statens Kunstfond gav positiv respons og resulterede i, at vi i 1991 blev tilbudt en samlet pakke på 18 malerier, et stort havbillede af Sven Havsteen-Mikkelsen, seks mindre lærreder af Kjeld Heltoft, fem små "kobilleder" af Ole Kielberg og seks typiske malerier af Harald Leth. Der var ikke her tale om ung, dansk kunst, som vi indtil nu havde satset på, men om mere traditionel kunst. De tre serier af små malerier kom til at klæde små intime opholdsstuer på hæmatologisk afdeling. De seks lærreder af Harald Leth er følsom, impressionistisk kunst, når den er bedst, rene maleriske perler. Et held for os, at intet museum havde "sat sig" på dem. Der er nu gået mere end ti år, fra disse malerier blev deponeret hos os. I følge statutterne for Statens Kunstfond er de nu sygehusets ejendom. (se side 16-19).

Kunstfondens bestyrelse

Ifølge vore statutter skulle sygehusets direktør automatisk være medlem. Den lumske tanke med at have direktøren i kunstfondens bestyrelse var selvfølgelig, at han sad på pengekassen. I 1995, da sygehusets nyansatte direktør Bo Jessen indtrådte i vor bestyrelse, viste det sig at være en rigtig god idé. Fra da af fik vi nemlig en fast årlig bevilling til indkøb af kunst, det første år 75.000 kroner stigende til 130.000 kroner i 2003. Det skulle hurtigt vise sig, at Bo Jessen, der havde en fortid på Statens Museum for Kunst, også havde sine egne tanker og visioner om kunst på sygehus.

Året efter afløste sygehusets arkitekt personalets repræsentant i bestyrelsen, et valg, som skulle vise sig at få stor betydning for udvalgets arbejde og for sygehusets udseende inden for murene. Det blev nemlig herefter naturligt for os at stille krav til de omgivelser, den nyindkøbte kunst skulle præsenteres i. Et godt maleri skal selvfølgelig ikke hænge med dårlig belysning i en rodet dagligstue præget af slidte møbler med uens farvet betræk. Gav vi en gammel afdeling et godt maleri, kom arkitekten samtidig med forslag til renovering af omgivelserne, som nymaling, ombetrækning af møbler, bedre belysning etc. Samtidig var udvalget hele tiden orienteret om, hvor der foregik

Poul Gernes.
Blomsterskulptur i bemalet metal.
Højde ca. 5 meter. 1987.

Oprindeligt stod blomsterskulpturen foran det nu gamle Århus Kunstmuseum. Det stod mellem høje træer og tæt på en flot, men dominerende sort skulptur blandt århusianere kaldet Kællingeknuden. Her kunne den ikke udfolde sig fuldt. Da jeg en dag nævnte det over for JES, direktøren for museet (Jens Erik Sørensen), gav han mig ret, og han var hurtigt med på, at den kunne stå meget smukkere på en stor plæne mellem sengebygningerne på sygehuset. Det kunne også blive en realitet, hvis Poul Gernes mente det samme, og det gjorde han. Han syntes, at det var en rigtig god idé. På fotoet ses blomsterne med det 70 år gamle Amtssygehus som baggrund.

Harald Leth. Skovarbejdere.
Olie på lærred 38 x 61 cm. 1966-74.

Al god kunst er social

Al social kunst er dårlig

Poul Henningsen, 1984

renovering af afdelinger eller nybygning. I disse situationer var det helt oplagt på forhånd at have tænkt, hvordan en kunstnerisk udsmykning kunne integreres i de nye rum.

Fra begyndelsen i 1985 var formanden for sygehusets kunstforening med i bestyrelsen for kunstfonden. Som så mange andre institutioner har sygehuset en kunstforening, der har til formål at holde udstillinger i sygehusets kantine og indkøbe kunst – oftest fra de aktuelle udstillinger – med henblik på en årlig udlodning blandt foreningens medlemmer. Problemet for de fleste kunstforeninger er, at de ikke kan tiltrække de bedste kunstnere, hvorfor de, der udstiller, meget ofte vil være lokale malere, som har svært ved at komme ind i gode gallerier og sammenslutninger. Vi valgte derfor meget bevidst fra starten at have en klar adskillelse mellem kunstforeningen og kunstfonden.

Endelig var undertegnede, som i sin tid fik idéen til Amtssygehusets kunstfond, med i udvalget. Ind til 31.december 2003 var jeg overlæge på kirurgisk afdeling på Amtssygehuset, men havde samtidig en mangeårig passion for billedkunst, ikke mindst for den aldernyeste.

Harald Leth. Skovarbejdere.
Olie på lærred 39 x 44 cm, 1972.

Harald Leth. 1899-1986, opgav heldigvis allerede efter et par år sine medicinske studier for at gå på Harald Giersings malerskole. Som mange andre malere tilbragte han mange somre på Bornholm, hvor Oluf Høst var en stor inspirator for ham. I 1944 flyttede han til Asminderød Mark, og det dermed tætte forhold til naturen præger de malerier, som vi forbinder med Harald Leth. Den nære og den store natur, huset, hegnet, den snedækkede mark, solopgangen, stjernehimlen, er temaer, som skildres med en sjælden koloristisk indlevelse i ofte små formater. Vore seks små malerier, hvoraf de fire er gengivet her, er meget fine eksempler på en malerkunst, som har noget evigt over sig, uafhængigt af skiftende moderetninger i kunsten. Det er malerier, som trives bedst i intime omgivelser. Det har de fået i to små dagligstuer på vore to hæmatologiske sengeafdelinger.

Harald Leth. Stjernehimmel.
Olie på lærred 52 x 63 cm, 1957.

Harald Leth. Fra væddeløbsbanen.
Olie på lærred 33 x 38 cm, 1966.

Poesi med alt det, der findes i de her digte,
kan man også finde i mine malerier.
Alt for mange malere har i dag glemt poesien i
deres malerier – og det er det vigtigste: poesien.

Picasso 1959

19

Ni fede år

Man kan synes, at en årlig bevilling på 75-130.000 kroner er lidt, al den stund et større maleri af en anerkendt dansk kunstner meget let kan løbe op i 50-100.000 kroner eller mere, men det er det ikke, hvis man køber god kunst, før den bliver kendt af alle. Samtidig giver en fast bevilling mulighed for at slå til, når muligheden giver sig for et fordelagtigt køb. Det kan være på auktion eller på en udstilling, hvor det gælder om at sige til i tide for at erhverve netop det maleri, som vi absolut må have til sygehuset. Og så giver et fast rådighedsbeløb også mulighed for at tænke i større baner, på udsmykninger til en hel afdeling, til et patienthotel eller større fællesrum, eventuelt som bestillingsopgaver hos udvalgte kunstnere. Sådanne udsmykninger kan meget let overstige vore økonomiske muligheder, men møder man op med en vis sum, vil det i mange tilfælde være lettere at få støtte fra f.eks. fonde, så det ønskede projekt kan gennemføres.

Der skal ikke her gives en kronologisk oversigt over samlingens udvikling i "de fede 9 år". I stedet vil en række korte historier give en beskrivelse af vore idéer og visioner og illustrere, hvordan disse er blevet til virkelighed. Dertil vil en række billedgengivelser vise yderligere eksempler på den kunst, som i dag præger sygehuset, og ledsagende tekster vil kommentere billederne og ofte beskrive, hvordan vi har fundet dem. Overordnet kan det siges, at vi har fulgt godt med i, hvad der foregår i kunstverdenen med størst fokus på ung kunst. Den finder man jo ikke så tidligt på de etablerede sammenslutningers udstillinger, men på mere ydmyge udstillingssteder og først og fremmest i de af landets gallerier, hvor indehaveren har øje for den nye kunst og ikke er bange for at satse og give den en chance. Og så har vi kunne gøre gode køb på auktionerne over moderne kunst.

Ny Carlsbergfondet og Poul Gernes

I vinteren 1997 kunne man for første gang i mange år se en galleriudstilling af Poul Gernes – og billederne var til salg! Det havde ikke været nogen selvfølge i de mange år, hvor Poul Gernes havde brugt alle sine kræfter på at udsmykke offentlige bygninger. Dertil kom, at Poul Gernes i den sidste del af sit liv ikke ønskede at sælge til private. Kunst skulle være folkeligt eje og offentligt tilgængeligt til glæde for de mange og ikke kun for udvalgte få samlere.

Poul Gernes. U.T.

Alkydmaling på masonit.
Alle 6 malerier måler 90 x 90 cm, fra ca. 1968.

Men nu hang malerierne tæt på væggene i galleri Mikael Andersen. Alle i størrelsen 92 x 92 cm, malet med lakfarver på masonit i utallige kombinationer af striber, cirkler og farver. Et livsbekræftende farve- og billedorgie. Intet var endnu solgt, så der var frit valg på hylderne. Prisen var 25.000 kroner stykket. Mikael Andersen og jeg kombinerede seks malerier, som tilsammen kunne danne en hel udsmykning på en stor væg eller ned ad en bred hospitalsgang. De blev fotograferet. Fotoet blev vist frem i Århus. Alle var enige om, at vi måtte havde de seks malerier. Med mængderabat var prisen 125.000 kroner, hvoraf vi havde de 25.

Vi reserverede billederne, hvilket sikkert var en god idé, da det senere viste sig at både Statens Museum for Kunst og Aalborg Kunstmuseum viste interesse, og hver for sig købte malerier til at smykke en større væg i museerne.

En ansøgning om støtte på 100.000 kroner blev sendt til Ny Carlsbergfondet en fredag. I fondet havde man møde om mandagen, og allerede onsdag fik vi brev om, at direktionen havde den glæde at bevillige os de 100.000 kroner. Det er uden sammenligning den hurtigste behandling af en ansøgning, som jeg har oplevet, og glædeligt var svaret. Det har måske været medvirkende til det positive svar, at vi kunne fortælle om den gode kunst, der allerede på det tidspunkt var repræsenteret på sygehuset, ikke mindst de to væsentlige arbejder af Poul Gernes, blomsterskulpturen og linoleumsbilledet (side 14 og 75).

Billederne hænger nu på gangen på et hæmatologisk sengeafsnit, en afdeling, som huser patienter med forskellige blodkræftsygdomme. Poul Gernes havde selv en overbevist tro på, at enkle, rene, farvestærke billeder, som de her viste, virkede livsbekræftende. Det formulerede han gerne over for alle og også over for mig, da vi midt i 80´erne mødtes i galleri Specta i Århus og kom i samtale om udsmykning og sygehuse. Han tilbød også dengang, sammen med sin kone Åse, at stå for udsmykning af mit sygehus. Desværre havde direktionen for sygehuset allerede entreret med lokale folk med henblik på ny opmaling, så det forslag kunne jeg ikke komme igennem med.

I et interview med Synne Rifbjerg (2001), blev Per Kirkeby spurgt om sit syn på Poul Gernes kunst og hans tro på, at den havde en livsbekræftende/helbredende virkning. Per Kirkeby fandt Poul Gernes udsmykning af Herlev Sygehus flot og fik så det direkte spørgsmål:

Bliver man rask af det?

Det er sgu' lige før, jeg giver ham ret. Jeg må sige, at da jeg vågnede op på Aalborg Sygehus efter min hjerneblødning, og der ikke var noget at se på nogen steder ... Det var så GRIMT, at man blev helt dårlig af det. Der er jeg overbevist om, at Pouls teori er rigtig.

Poul Gernes' eget liv (1925 til 1996) og gerning underbygger i sig selv hans filosofi. På trods af en livslang kronisk nyresygdom, mange år i dialyse, nyretransplantation i 1984, mistet syn på venstre øje og hjerteklapoperation i 1987 var han livet igennem utrolig aktiv og inspirerende. Mest imponerende er det næsten, at en væsentlig del af de cirka 124 store udsmykningsopgaver, han udførte, blev til i de år i 80'erne, hvor han selv var hårdest ramt af sygdom. Det kan man da kalde livsbekræftende. Det må være hans kunst, der holdt ham så smukt i aktivitet på trods af alle dårlige odds.

Er det ikke et af kunstens fornemste mål:
at åbne øjnene for at se det mirakuløse
i en blomst på en grøftekant,
at se det ualmindelige i det almindelige.

Jørgen Carlsen, Testrup Højskole 2005

Lars Nørgaard.
Dyrenes skadestue – for rygere.
Olie på lærred, 110 x 150 cm, 1997.

Dyrenes skadestue

Venteværelserne på sygehusets skadestue var tidligere nogle af husets grimmeste rum. Der sad ofte mange tilskadekomne med følge og ventede – 30.000 skader blev behandlet på et år – og ofte var ventetiden lang – og kedelig. Mulighederne for adspredelse bestod i kaffeautomaten, en holder med tidsskrifter, legeklodser til børnene. Det hele var ret trøstesløst. Kunne man bare bringe lidt humør ind i rummet, ville meget være vundet.

Hvilken ung dansk kunstner havde en humoristisk pensel? Lars Nørgaard selvfølgelig. Fra tidligere tid vidste jeg, at han elskede at få en konkret opgave, hvor hans burleske fantasi kunne komme til udtryk. Han tændte da også spontant på idéen om at lave to større malerier over temaet, "dyrenes skadestue", et til rygernes og et til ikke rygernes venteværelsee.

Fra 1997 til i dag har de cirka 50.000 mennesker, der hvert år passerer et af de to venteværelser kunnet glæde og more sig over det overdådige resultat. For øvrigt kan man gennem en glasvæg se direkte fra det ene rum til det andet, så ikke-rygerne behøver ikke at gå glip af den sårede bavian (med lampefeber?), den uheldige boksende gris eller den cigarhungrende elg – og rygerne kan også fornøje sig over den forkølede gås (årsagen ligger lige for) og over hesten, for hvem hesteskoen ikke bragte lykke. – Og så er der dem, som bemærker sig den overbevisende farveholdning og komposition. Mon ikke alle i virkeligheden gør det ubevidst!

Lars Nørgaard født 1956, er uddannet på Skolen for Brugskunst i København og i 1980-81 på Academy of Art i San Francisco. Efter at have tjent penge ved hårdt, fysisk arbejde på cementfabrikken i fødebyen Aalborg ville han egentlig være vendt tilbage til det frodige og eksperimenterende kunstmiljø i San Francisco, men så opdagede han en eksperimenterende kunstskole, som holdt til på Værkstedet Værst på Rosenvangsallé i København. Erik A. Frandsen var en af grundlæggerne, Christian Lemmertz var en anden af de snart mange unge billedkunstnere, der holdt til i bygningen. Fældes for dem var, at de ikke havde deres uddannelse fra akademiet. Der blev ikke tale om nogen kunstskole, men om et frodigt, eksperimenterende miljø, hvori også tidens unge poeter færdedes. Snart kom også de akademiuddannede til og deltog i fælles udstillinger.Dette var starten for Lars Nørgaard, og fra denne tid stammer det første maleri af ham, som vi erhvervede på Amtssygehuset (side 8). De typiske billeder vi har af Lars Nørgaard fra de følgende 20 år demonstrerer ganske godt hans kunstneriske løbebane (side 97, 103 og 109).

Popkunst er den amerikanske drøm
Optimistisk gavmild og naiv

Robert Indiana

Lars Nørgaard.
Dyrenes skadestue – for ikke-rygere.
Olie på lærred, 110 x 150 cm, 1997.

Vaskeriet bliver til patienthotel

I gamle dage havde hvert sygehus sit eget vaskeri, men også på dette område har rationalisering og stordrift betydet, at denne funktion er blevet nedlagt på mange sygehuse, således også på Århus Amtssygehus. I 1998 havde man ønske om at bygge et patienthotel, og det gamle vaskeri blev derfor ombygget og mirakuløst forvandlet til et patienthotel med 28 eneværelser, en indbydende reception, stor restaurant med køkken, to dagligstuer, kontor og mødelokale. Sygehusets direktør, der som arkitekten var med i kunstudvalget, havde i budgettet fået afsat midler til kunstnerisk udsmykning, og det blev besluttet at inddrage en kunstner allerede i planlægningsfasen for at han kunne medvirke med en totaludsmykning, hvilket også betød råd om farvesætning af fællesarealerne. Valget faldt på Anders Moseholm.

Resultatet er blevet, at den besøgende i dag vil fryde sig over arkitektonisk smukke rum, hvor farver, lysindfald og møbler danner et harmonisk hele sammen med kunsten. Anders Moseholm har generøst smykket restauranten, den store opholdsstue, to gange og et mødelokale med store lærreder fulde af historier og liv. For meget kunst?

For meget Moseholm? Nej, fordi der er tale om, at alt spiller så godt sammen. Lys, farver, rum, kunst. Men bedøm det selv ud fra fotoet af dagligstuen, hvor de tre meget store malerier, hver på 160 x 280 cm hænger. De fylder godt i rummet, uden at virke dominerende eller anmassende, og så emmer de af liv og eventyr og giver mulighed både for diskussion, digt og eftertænksomhed.

Historien om patienthotellet er et godt eksempel på, at det er en god idé at inddrage en kunstner tidligt i en byggeproces – og at sætte midler af hertil på budgettet.

Anders Moseholm, født i 1959, uddannet på Det Kgl. Danske Kunstakademi (1989-96) og på School of Visual Arts, New York (1994). Hans billeder er figurative, ofte med en storby (New York) som motiv, men hvor byens konturer mere eller mindre udviskes eller kun anes bag et slør af farve. Hans byer vil dertil blive befolket med menneskeskikkelser og overraskende og absurd med eksotiske dyr, som ellers hører til i den vilde natur, men her færdes lige så hjemmevant i storbymiljøet som mennesket. Også kvinden og ikke mindst kvindeansigtet har sin plads i Moseholms univers, placeret i den levende by eller, som i det blå maleri i patienthotellets dagligstue, i et tomt rum overladt til sig selv.

I ventetiden på laboratoriet

Laboratoriets venteværelse var fra begyndelsen møbleret med Wegners klassiske stole, her i sort læder. De er brugt godt, men ser ikke slidte ud. Kvalitet holder. Det gælder også for god kunst, og Dorte Dahlins maleri er en langtidsholdbar investering. Det betyder, at det vil blive ved med at virke uforklarligt, let og forunderligt, som fin musik for øret, poetisk. Her er intet, som behøver at blive forklaret, det kan blot opleves, gang på gang. Da det kom op på væggen forandredes rummet fra at være pænt og stiligt til også at være et spændende sted at opholde sig i ventetiden.

Dorte Dahlin, født 1957, tilhører generationen af "de unge vilde", som brød igennem i vor bevidsthed i begyndelsen af 80'erne med deres energiske, nyekspressionistiske maleri. Vort maleri fra 1987 demonstrerer meget tydeligt, at hun hurtigt forlod denne udtryksform, og med Den Store Danske Encyklopædis ord, nu "udforsker maleriets evne til at afdække forbindelseslinier mellem områder, der almindeligvis er adskilt, og til at ophæve vanedannende måder at kategorisere omverdenen på". Dette citat kunne udmærket anvendes i beskrivelse af vort maleri,

Anders Moseholm. U.T.
Olie på lærred,
alle tre malerier på billedet til venstre
måler 160 x 280 cm, 1998.

Dorte Dahlin. Flyvende fjeld.
Olie på lærred, 85 x 205 cm, 1987.

Horisonten er der,
hvor himlen og jorden mødes.
Den er forskellig alt efter,
hvorfra man ser.
Horisont er også det blik,
mennesket kaster på verden.
Nysgerrige mennesker ser mere,
de udvider deres horisont.

Guldkornene, Kunsthistorier for børn 2004.

27

Allan Schmidt. U.T.
Olie på lærred, 195 x 135 cm, 1968.

Lars Ravn. Kvinden og narren.
Olie på lærred, 200 x 260 cm, 1989.

*Udsmykningskunst må i mine øjne
gerne have karakter af en generøs
gestus til de mennesker,
som ikke kan slippe for at se på den.*

Helle Frøsig, Stedet II 1998

men specielt den sidste linie "at ophæve vanedannende måder at kategorisere omverdenen på" er vel netop karakteristisk for megen god kunst. Den inspirerer os til at se på verden med nye øjne!

På væggen modsat Dorte Dahlin hænger det store abstrakte maleri af Allan Schmidt. For 25 år siden var det det eneste maleri, bortset fra portrætter af afgåede overlæger, der hang på sygehuset. Lidt sløvt belyst på en rød murstensvæg tiltrak det sig ikke megen opmærksomhed. Omplaceret til en hvid væg med godt dagslys ind fra siden blev det til et helt andet billede. Nu så man for første gang de mange fine overgange og kontraster i de anvendte brune og hvide farver, og man kunne umiddelbart opleve det nonfigurative, konstruktivistiske formsprog, der var så typisk for denne maler. I laboratoriets venterum er det med sin tyngde i fin samklang med Dorte Dahlins *Flyvende Fjell* og de sorte Wegnerstole.

Historien om dette billede er et typisk eksempel på, hvad der kan opnås, hvis man prøver at se på sin egen eller andres arbejdsplads med nye øjne. Et maleri kan hænge år ud og år ind på samme plads, selv om omgivelser skifter form, og farver og belysning ændres, eller maleriet kan være flyttet et mindre hensigtsmæssigt sted hen,

fordi arbejdstilrettelæggelsen nu krævede det. Til sidst er der ingen, som lægger mærke til det. Ofte skal der blot en anderledes ophængning til, for at billedet kan ydes fuld retfærdighed og blive til glæde for mange.

Allan Schmidt, 1923-89, gik som allerede udøvende maler på kunstakademiet i Paris fra 1953-55. Han vendte senere tilbage til Paris, hvor han boede i fra 1969-76. Han er kendt for meget store offentlige skulpturelle, keramiske udsmykninger. Sådanne kan bl.a. opleves på Gentofte Rådhus og i forhallen til Bartholinbygningen på Aarhus Universitet.

Munter erotik før frokosten

Det store maleri *Kvinden og Narren* fylder hele væggen ved indgangen til kantinen, og kommer man hertil ad kældervejen ser man lige ind i hele sceneriet på vej op ad trappen. Maleriet med det utilslørede tema vakte i begyndelsen betydelig opsigt, men gav mere anledning til muntre end forargede bemærkninger. Maleriet er da også både flot og optimistisk, og så hører erotik og mad jo uløseligt sammen, ikke blot i kunsten.

Navnet har jeg tilladt mig at give maleriet, også fordi det centrale i billedet så slående ligner tegningen i Heerups smukke linoleumstryk af samme navn. Lars Ravn har jo ofte dyrket pastichen, brugt kendte kunstneres værker som motiv, men så præget det på sin helt personlige måde. Ikke uforståeligt er Lars Ravn ofte blevet sammenlignet med Henry Heerup. Herom har Peter H. Olesen skrevet i bogen om Lars Ravn (Palle Fogtdal 1992) på denne måde:

Video-Heerup har digteren og kunstkritikeren Peter Laugesen kaldt Lars Ravn. Om det var ment som en rosende karakteristik eller et ondt drilleri er uvist. Ravn er nu ikke vor tids svar på en excentrisk og elskelig malernisse, men der er visse fællesnævnere: Danskheden og den folkelige appeal. Glæden, overskuddet. Det umiddelbare. Den udstrakte brug af ornamentik. Det enkle, det banale, det rustikke. Og som Heerup er Ravn svær at placere i sin generation. Han flakker ubekymret rundt et sted i udkanten.

Lars Ravn, født i 1959, er ikke uddannet på akademiet, men har fortrinsvis opsøgt sine egne læremestre. Som militærnægter "forrettede han tjeneste" på Jornmuseet i Silkeborg, hvor Troels Andersen, som trådte sine ungdomssko på Eks-skolen, var direktør, og dette ophold inspirerede ham igen til en læretid hos keramikeren Erik Nyholm.

Lars Ravn var med i den unge vilde bølge først i 80`erne, som havde så stor bevågenhed i kraft af et par skelsættende offentlige udstillinger – på Tranegården og Aarhus Kunstmuseum – men ellers kunne det være svært nok for "de unge vilde" at finde gallerier, som ville satse på denne nye kunst. Typisk udstillede de derfor alle mulige og umulige steder, og Lars Ravn står nok for et af de besynderligste udstillingssteder, da han i 1985 viste malerier og keramik i cykelkælderen under Dagmarsgade 45, København N. Jeg var der en af de sidste åbningsdage. Humoristiske og burleske motiver prægede malerierne, som var råt, men alligevel disciplineret malet. Alt var solgt!!! Jungletrommerne havde lydt, og mange havde fundet vej til kælderen, også museumsfolk må der have været, idet flere af lærrederne fra dengang siden har været at se på danske kunstmuseer. Et par borde var fyldt med keramik, ekspressivt figurativt eller i næsten klassiske former. Man havde også her lyst til køb – billigt var det jo også – men igen, alt var solgt. Så let gik det ellers ikke i de dage. Og så på det sted. Det var en usædvanlig oplevelse.

Tal R i forhallen og på Det Kgl. Danske Kunstakademi

Træder man ind i bygningen, som rummer kantine, auditorium, diverse laboratorier og ambulatorier, fanges øjnene af Tal R's maleri, som giver farver og liv til hele rummet.

Farver og liv var der også i Tal R's atelier, da jeg besøgte ham på kunstakademiet i det tidlige forår 1999. En mindre serie store malerier var helt færdige og beregnet til udstilling i et af Berlins gode gallerier, men der stod også et stort maleri med et blåt midterfelt påført lærredet i store strøg omgivet af en bort af kraftige farveklatter. På trods af, at det endnu ikke var færdigt, gav det et overrumplende stærkt og flot indtryk. På spørgsmålet om, hvor langt han var med maleriet, var svaret, at midterpartiet, det tilsyneladende lettest og hurtigst malede, var som det skulle være, resten skulle bearbejdes yderligere. Jeg var overbevist om, at det maleri måtte vi have, når det var færdigt. Det blev fotograferet, og tilbage på sygehuset accepterede kunstudvalget købet. Det foregik selvfølgelig via Tal R's daværende galleri i København, Mikael Andersen i Bredgade. Prisen var 22.000 kroner.

Inspirationen til købet havde jeg netop fået ved et besøg kort tid forinden i dette galleri. Der havde jeg i

baglokalet set et stort maleri af en kunstner, som jeg dengang ikke kendte. Det var gjort af Tal R og var så overbevisende og uimponeret flot malet, at jeg var parat til umiddelbart at reservere det til sygehuset – men det var netop solgt til ARKEN Kunstmuseum.

Tal R(osenzweig Tekinoktay), født 1967, er trods sit eksotiske navn dansk. Han studerede på Det Kgl. Danske Kunstakademi fra 1994-2000, og har, ikke mindst efter den tid, deltaget med en helt overvældende succes i prestigegivende udstillinger over hele verden, og er i dag en meget efterspurgt kunstner. Vort maleri er et smukt eksempel på de ekspressive og maleriske kvaliteter med en uforfærdet brug af farver, som er typisk for hans billeder. Lidt atypisk for hans maleri i dag indeholder vort maleri intet genkendeligt figurativt, hvor Tal R ellers ofte har befolket sine billeder med figurer og genstande fra den nære dagligdag.

Billedet er ikke andet end klatter af farver på et lærred, som Jorn sagde, det er ikke andet. Men nogle kunstnere kan bare det der med at give os oplevelser.

Troels Andersen, Auktionsliv 2003

Tal R. U.T.
Olie på lærred 200 x 200 cm, 1999.

31

Om malerier af afdøde overlæger versus moderne kunst anno 2005

Indtil for få år siden var det første syn, der mødte patienter, pårørende og personale, når de skulle til de kirurgiske sengeafdelinger, de fire malerier, som her er vist, af tidligere fremtrædende, nu for længst afdøde, overlæger ved Århus Amtssygehus. Der hang de i de efterhånden anløbne, engang flotte rammer, og set med lidt kritiske øjne var der heller ikke tale om den bedste portrætkunst. Malerierne er fra den tid, da overlægen på en afdeling var enevældig. Hans beslutninger og behandlingsforslag var sjældent eller aldrig til diskussion, hvilket måske kan fornemmes i de noget stive portrætter.

Som led i renovering af afdelingen, hvor væggene blev lysere, belysningen forbedret og linoleumsgulvet smukke-re, besluttede kunstudvalget – enevældigt – at der skulle ny kunst på væggen, hvor de fire overlæger havde hængt i så mange år. Resultatet blev to malerier af Morten Buch, der nu sammen med det gule maleri Friends af Erik A. Frandsen smykker rummet, billeder som er vist på de følgende sider. – Det førte både til diskussioner og til protester, ikke mod den nye kunst, men fordi vi havde fjernet de gamle overlæger. Det var nuværende overlæger og enkelte sygeplejersker, der løftede røsten. Det var en tradition, der var brudt, et stykke historie, der var slettet. Det var en manglende respekt for dem, der tidligere havde gjort et pionerarbejde for faget. Og så var det sket uden forudgående diskussion og accept fra personaleside – og uden at kunstudvalget havde orienteret om og argumenteret for denne gennemgribende ændring.

En gennemgående holdning i denne bog er, at de ind-

tryk, man får, når man færdes på eller træder ind i et syge-
hus, betyder noget for ens opfattelse af den behandling,
der ydes. Omhu med rummenes indretning og pasning,
og kvalitet i valg af møbler, farver og kunst giver forvent-
ning om omhu og kvalitet i behandling og pleje. Hvad vil
reaktionen være, bevidst eller ubevidst, hvis patientens
første møde med en afdeling i år 2005 er de her viste fire
gammeldags portrætter af overlæger, som tegnede hospi-
talet for 70 år siden. Vil det give en forventning om be-
handling, der er tidssvarende, eller god fordomsfri samtale
med lægen om sygdommens følger og om mulighed for
behandling og rehabilitering? Næppe. Ej heller vel til stor
optimisme.

Hvert sygehus har sin historie og hvert fag sine pione-
rer uden hvilke, vi ikke var kommet dertil, hvor vi står i
dag. Derfor skal de gode gamle malerier, som fortæller

Den dårlige kunst agiterer altid
for det bestående – den gode
altid for fremskridtet

Poul Henningsen, Om smag i stil og kunst 1984

Knud Larsen. Tage Hansen.
Olie på lærred, 100 x 80 cm, 1917.

August Tørslef. Johannes Fabricius Møller.
Olie på lærred, 110 x 90 cm, 1952.

August Tørslef. Aage Th. B. Jacobsen.
Olie på lærred, 110 x 90 cm, 1946.

Alfred V. Jensen. Aage Wagner.
Olie på lærred, 100 x 80 cm, 1959.

Morten Buch. U.T.
Olie på lærred, 120 x 140 cm, 2003.

historie, ikke arkiveres, men bør være at se, hvor læger, sygeplejersker og studenter har deres egne områder, som i konferencerum, kontorgange, biblioteker og auditorier. Og så kunne man vel nok ønske sig, at tidligere afbillede, hæderkronede, dygtige pionerer inden for vort fag var blevet malet med samme dygtighed og omhu, som de engang selv lagde i deres virke. – Der hænger mange dårlige malerier af gode læger på vore sygehuse. Er det ikke misforstået pietetsfølelse?

Når man i dag går op ad en kort trappe til de kirurgiske og medicinske sengeafdelinger, ser man allerede på afstand det farverige, "stribede" maleri af Morten Buch. Ved siden af et lille maleri af samme kunstner, og vender man sig mod venstre ser man det store gule maleri *Friends*. Belysningen er god, linoleumsgulvet er let og smukt, rummet er lyst og venligt og giver mulighed for oplevelser. – Det giver da signalet: her gør vi os umage, og du kan forvente omhu, venlighed, kvalitet og nytænkning.

Fra tid til anden forstyrres indtrykket af henstillede senge, som den akutte medicinske afdeling ikke kan finde

Erik August Frandsen. Friends.
Olie på lærred, 160 x 145 cm. 1986.

Et digt er et maleri i ord
Et maleri er et digt uden ord

Kinesisk ordsprog

35

plads til andetsteds. Et diskret skilt på væggen siger, at henstilling af senge er forbudt op ad maleriet, hvorfor en evt. seng da også oftest er anbragt op ad en mere neutral væg. Af en for mig ukendt grund er der aldrig taget højde for, at senge, som ikke er i brug eller skal rengøres, kan anbringes på et neutralt sted, i et depot, eller hvor en rengøring skal finde sted. Lokalemangel eller svigtende logistik? Resultatet er i alle tilfælde, at senge ofte er henstillet netop på steder, hvor patienter og personale færdes og forstyrrer roen og æstetikken i rum, hvor man ellers har gjort sig umage med indretningen. De stærke og tykt påsmurte farver i Morten Buchs store maleri holdes inden for en stram komposition med et klassisk afbalanceret forhold mellem hvidt og kulørt, og der kommer ekstra liv i billedet med de hvide felter, som forneden bryder farvestriberne. Det er et ukompliceret smukt maleri. På side xx kan man se et andet maleri af Morten Buch, et billede med en fin tegning og en mere diskret, delikat farvesætning.

Morten Buch er født i 1970. Som maler er han autodidakt, har ikke gået på nogen form for kunstuddannelsesinstitution. Fra i sine første malerår mest at have dyrket konceptkunsten har han i de sidste fem år udfoldet sig med et maleri, der kan sanses umiddelbart, og som ofte vil virke herligt anderledes på grund af en overraskende tegning eller komposition og en uimponeret anvendelse af farver. Det har ført til udstillinger på museer og på gode gallerier i København, Århus og New York.

Temaet i rummets andet markante billede, det store gule maleri, er et som gik igen i Erik A. Frandsens maleri i mange år i 80'erne og 90'erne, kvinden skjult, beskyttet eller holdt uden for verden, det levende liv, manden. I Erik A. Frandsens maleri er hun gennem tiderne blevet holdt inde i sin egen verden af ståltråd, plastikbakker, neonrør, korset, eller som her, bag mange strøg af farver. Der er en blokade. Vi ser de to kvinder i deres helt eget rum, de er langt væk fra os, og vi er langt væk fra dem. Det kan vi så bygge vor egen historie op om og filosofere over, hvorfor kunstneren igen og igen vender tiltage til dette tema – et alment tema! Berører det også dig og mig? Vi kan også nøjes med at nyde og opleve billedet umiddelbart, men der er mange lag i maleriet!

Erik A. Frandsen, født 1957, tilhører generationen af "de unge vilde", var medstifter af Værkstedet Værst, søgte inspiration i og boede mere end et år i Barcelona og har været synlig på den danske kunstscene siden først i 80'erne. Han er rigt præsenteret i fine samlinger og på de gode

museer, og har som en af de få danske kunstnere været inviteret til Documenta i Kassel (1992). I de senere år har familien været hovedtemaet i hans kunst, og senest har han haft en række imponerende smukke udstillinger, hvor blomster, dette klassiske symbol på kærlighed og forgængelighed, har været emnet. Det har heldigvis også resulteret i flere serier af litografier med dette emne, hvilket vi har udnyttet på sygehusets centrallaboratorium. Her smykkes væggene af Erik A. Frandsens blomster og af litografiske tryk fra den spændende udstilling *Flowers* på Louisiana, hvor han var repræsenteret blandt verdenskunstens bedste navne.

Vi havde i alle årene ønsket os et væsentligt maleri af Erik A Frandsen. Da vi fik et fast årsbudget til kunstindkøb i 1995 fik vi muligheden, og det fine maleri *Friends* fandt vi meget passende i galleri Specta, det galleri, som husede flere af hans første udstillinger.

I brystklinikken

De to små malerier af Stig Brøgger hænger på væggen foran stolerækken i det lille venterum til mammaklinikken, hvor kvinden venter sammen med sin mand eller anden pårørende, før hun skal ind til undersøgelse og samtale om knuden i brystet. Det er et rum, som er forsøgt gjort så venligt og omhyggeligt som muligt med pæne stole sat fast i væggen, så der ikke kommer uorden og rod i det lille rum. Der er yderligere tre litografiske tryk af Nina Steen Knudsen og et fint tryk af Jens Birkemose – men det er de to malerier, som man sidder overfor. Har de nogen mening, når det eneste man i det øjeblik har i hovedet, er tanken, "er det kræft?", eller efter en operation, "har der været tegn på spredning?" Det er nok de færreste, som i denne svære situation fordyber sig i de to malerier, men selv er jeg ikke i tvivl om, at det lille rum har en kvalitet, som kan være med til at skabe tillid til, at her på stedet får man den bedst mulige behandling. Og så kan de to malerier af Stig Brøgger måske alligevel være med til at åbne øjnene for, at livet er mangfoldigt og spændende, også selv om diagnosen skulle vise sig at være brystkræft.

Stig Brøgger, født 1941, er en maler, som i sin kunst har arbejdet med mange af maleriets muligheder. Personligt husker jeg bedst hans store udstilling på Statens Museum for Kunst i 1988, hvor han i museets største rum gennemspillede forskellige maleriske strategier i 205 malerier. Jeg besøgte udstillingen med min den gang 78-årige far, som

Kunst skal ikke fordrive noget.
Kunst skal sætte ting i relief.
Kunst kan hjælpe med i nogle tilfælde
at sætte dig i stand til at forstå
og til at se ting på andre måder.

Mads Øvlisen, Politiken 1999

Stig Brøgger.
Olie på lærred, 41 x 34 cm, 1980.

Stig Brøgger.
Olie på lærred, 41 x 28 cm, 1980.

ikke var vant med at se på moderne kunst. Han var helt overvældet, var ikke til at rive løs fra rummet. Han gik fra billede til billede, undredes og oplevede. Var der virkelig så mange muligheder i moderne maleri, og alligevel hang udstillingen på forunderlig måde sammen som en helhed. Imponerende og smukt. Det undrer ikke, at Stig Brøgger blev professor på Kunstakademiet, og fungerede i denne rolle langt ud over den vanlige åremålsansættelse (1981-97).

Det blå maleri ved skadestuens 6-timers stue

Et af de mest rå steder at komme var 6-timers stuen i kælderen under skadestuen. Der blev tilskadekomne, som var døde ved ankomsten bragt ned, efter at døden var konstateret, for at sikre dødstegn kunne konstateres af en læge, efter at mindst 6 timer var passeret. Det var der, pårørende kunne være sammen med den døde – ned gennem en rå kælder med henstillede senge og andre effekter, ind i et lille nøgent rum med en stålseng og en stol. Et hårdt sted for det sidste farvel!

To sygeplejersker fra skadestuen søgte kunstudvalget i deres nød. Vi kunne kun gøre lidt. Den del af kælderen blev skærmet af, belysningen blev ændret, og vi spurgte den rumænske maler Octavian Neagu, om han kunne male et billede, som forbedrede miljøet. Resultatet ses omstående, og her fortæller han selv om opgaven.

I det blå maleri fra 2000 er kompositionen og farverne meget nøje udvalgt efter en lang proces med skitser og research af farverne. Imidlertid er udførelsen spontan, og resultatet er efterladt frisk – det får en til at tænke på essentielle penselstrøg i japanske tegninger.

Dette maleri tilhører serien af glas, et motiv, som har besat mig fra 1990 til i dag. Inspirationen om et simpelt

glas som malerisk motiv opstod en af de første dage, efter at jeg var kommet til Danmark i 1990 og skulle udstille i galleri Specta i Århus. Glasset inspirerede første gang til et maleri med titlen 'Kerubim', som blev købt af Aarhus Kunstmuseum. Kerubim som et symbol på Det Gamle Testamente bliver for mig et symbol af et glas i Det Ny Testamente. Glasset er også et symbol på den hellige gral, kabbala og tarot. I maleriet repræsenterer glasset en arketype, en arketype som forener os. Det er et universelt symbol.

I det blå maleri præsenterer glasset det smukke, funktionalitet, skrøbelighed, transparenthed og det givende, som livet er. Dette glas er svævende i en uendelig blå stemning, og beskueren ser ikke kun det konkrete tegn af glasset, men føler det metafysiske aspekt udstrålende fra billedet. Georgio de Chirico sagde, at metafysikken er kraften af det fysiske, og kunstkritikeren Rene Hugh siger i bogen Dialog med det visuelle, at man skal gå igennem det usynlige til det synlige. Dette simple motiv, svævende i et uendeligt abstrakt univers af lys, er antydende. Den orange refleks malet på glasset, er solens farve, som synes at opstå fra en følelse af guddommelighed – og det skal inspirere beskueren til at tænke på et guddommeligt plan. Maleriet er nu blevet til mere end en dekoration eller en illustration. Glasset er ikke placeret centralt, men svævende lidt til højre symboliserende det subtile øjeblik, hvor det sjælelige opstår fra det materielle. Det er ikke et pessimistisk maleri, selvom glasset er tomt, fordi genskinnet fra lyset i glasset anmoder om afklarethed og katharsis. Katharsis som renselse og transcendens.

Dette maleri var kommisioneret af Ib Hessov for at blive placeret på et sted, hvor man møder sin pårørende som død og for at sige det sidste farvel til én, man elsker.

Det blå maleri fortæller, at livet ikke er for evigt på en materialistisk måde, men på en spirituel. Som glasset, der kan knuses når som helst.

Et maleri kan hjælpe os til
at tænke på noget, der ligger
hinsides denne meningsløse eksistens.
Det er noget kunst kan.

Gerhard Richter, 2002

Octavian Neagu.
Olie på lærred, 85 x 60 cm

Octavian Neagu, født 1965 i Rumænien, gik på Kunstakademiet i Bukarest, murkunst og konservering (1986-90), og senere på Det Kgl. Danske Kunstakademi (1990-93). I Bukarest, i revolutionens dage, mødte han Erik A. Frandsen. De foranstaltede en fælles udstilling på et af byens torve, en usædvanlig foreteelse i denne mørke tid i Rumænien. Et fransk TV-hold filmede begivenheden, og det resulterede i en fælles invitation til at gentage udstillingen i Lyon. Erik A. Frandsen foranledigede herpå kontakten til Galleri Specta i Århus, hvor Octavian Neagu havde sin første separatudstilling i festugen 1990. Derefter fik han mulighed for yderligere at uddanne sig på Kunstakademiet i København, hvor han i dag bor og har atelier.

John Kørner. U.T.
Akryl på papir, 46 x 63 cm, 2000.

John Kørner. Rolig nu.
Akryl på lærred, 120 x 230 cm, 2000.

Kunst er en poetisk
dimension i tilværelsen

Troels Andersen, 2003

Teater på røntgenafdelingen

Aarhus Kunstmuseum, nu ARoS, har i de senere årtier haft et åbent blik for ung dansk kunst, og ung betyder rigtig ung, nemlig af kunstnere i 20'erne og 30'erne. Store udstillinger var "De unge Vilde" i 1983, "Baghuset" i 1993 og "Take Off" i 2001. Mange af de malere, der udstillede på disse talentudstillinger er blandt dem, som tegner dansk kunst i dag. Ind imellem gav museet også plads til mindre temaorienterede udstillinger af en af de helt unge. En sådan udstilling var "Teater" af John Kørner i 2001.

Han havde fået stillet et af trapperummene mellem to store udstillingssale til rådighed og havde der indrettet sit teater. Gennem en stemningsmættet indgang med billetskranke trådte man ind i tilskuerrummet møbleret med tre gamle sofaer. På højre sidevæg stod to meget store malerier (nu i museets eje), mens teaterscenen var "befolket" med otte større og mindre malerier livligt anrettet på gulv og bagvæg. Nedsunket i en af de bløde sofaer kunne man

så hengive sig til oplevelsen af en kunst, som jeg i alt fald ikke havde set før. Og hvorfor ikke give sig god tid. Det fortjener den kunst, som vil noget – og her sad man oven i købet godt. Det blev en herlig teateroplevelse. Umiddelbart oplevede man en farverig forestilling – den gule farve var noget helt specielt – hvor lærrederne, tilsyneladende ubesværet, med enkle penselstrøg, blev fyldt med landskaber og liv, som kunne nære fantasien. Samtidig var billederne på forunderlig vis smukke. Det var ren poesi.

Det var også billeder, som kunne give anderledes liv på en hospitalsafdeling, og da John Kørner var interesseret i at bevare teaterudstillingen samlet, fik vi lejlighed til at erhverve de otte malerier for en meget fordelagtig pris. Århus Stiftstidendes Fond bidrog generøst med 25.000 kroner.

Teaterudstillingen fik sin plads på røntgenafdelingen, et sted hvor der hvert år undersøges 55.000 patienter, og hvor hospitalets læger dagligt kommer til konferencer. John Kørners billedverden bliver set af mange i Århus, og

John Kørner. Nordisk.
Akryl på lærred, 180 x 200 cm, 2000.

John Kørner. Aftenliv.
Akryl på lærred, 60 x 130 cm, 2000.

Alle og enhver vil forstå kunsten.
Hvorfor ikke prøve at forstå fuglenes sang?
Hvorfor elsker man natten, blomsterne,
alt hvad der er omkring én,
uden at forsøge at forstå det?
Men når det drejer sig om kunst,
så vil folk forstå.

Picasso, 1935

John Kørner. Tingvellir (kampen fortsætter).
Akryl på lærred, 60 x 130 cm, 2000.

John Kørner. Slap af.
Akryl på lærred, 90 x 200 cm, 2000.

John Kørner. Stue.
Akryl på lærred, 150 x 120 cm, 2000.

John Kørner. Bøvs.
Akryl på lærred, 150 x 120 cm, 2000.

John Kørner. Festival.
Akryl på lærred, 60 x 100 cm, 2000.

den bliver også oplevet og ivrigt kommenteret. Hvordan, kan den nysgerrige læser spørge. Skønt billedsproget må være fremmedartet for de fleste, har kommentarerne været positive, ja nærmest begejstrede, og kunstudvalget har været i den sjældne situation, at vi spontant er blevet rost for vor indsats. Det kunne gøre os helt bekymrede. Havde vi satset på en så let tilgængelig kunst, at den efter kortere tid ville miste sin tiltrækningskraft og blot blive til dekoration. Nej. Efter fem år har malerierne bestået tidens prøve. Det er blevet en endnu større oplevelse at gense dem.

Det var blot en af mange gange, hvor vi ikke kunne forudse, hvordan personalet ville reagere på vor billedophængning.

Den anden lange, ikke helt så befærdede gang på røntgenafdelingen fyldes af 12 store litografier af Tal R.

Den afdeling er blevet godt kunstforkælet.

John Kørner, født 1967, gik på Det Kgl. Danske Kunstakademi 1992-98 og grundlagde allerede da "Kørners Kontor", som arrangerede udstillinger med jævnaldrende

og ligesindede som Tal R, Kaspar Bonnén og Kirstine Roepstorff i alternative rum i København. Siden dengang er John Kørner blevet en meget efterspurgt kunstner, som nu udstiller på de bedste gallerier i ind- og udland, og hans billeder er at finde i kendte samlinger.

En sengeafdeling med papirklip i oprør

En serie på syv billeder i ens størrelse giver en helhedsudsmykning, som de er ophængt på den ene side af hospitalsgangen ned gennem en sengeafdeling.

Oprindeligt så vi dem på Aarhus Kunstmuseum i 2001 på udstillingen "Take off", en udstilling, hvortil museet havde inviteret en ny generation af unge danske kunstnere, som museet fandt spændende. Ellen Hyllemose var en af dem. Hun havde fået stillet et af de store udstillingsrum til rådighed, hvilket hun udnyttede til to samlede maleriske installationer. Den ene bestod af syv billeder som hang ramme ved ramme i hjørnet af rummet længst væk fra indgangen. De var komponeret af papirklip og tegnestifter

på forskellig farvet baggrund, bag akryl og i farvede træ-
rammer. Som de sås i et hjørne mellem to lange nøgne
museumsvægge dannede de en virkningsfuld, koloristisk,
koncentreret ophængning, som tiltrak den nysgerrige
besøgende. I kunstudvalget blev vi umiddelbart fængslet af
denne billedverden og kunne straks fornemme, hvordan
disse syv ret store billeder kunne sætte sit præg på, oplive
og forandre en hvid hospitalsgang. Vi tog kontakt og aftal-
te en pris, som begge parter kunne være tilfredse med.

   Min overraskelse blev stor, da billederne ophængt på
den ortopædkirurgiske afdeling ikke vakte stor begejstring
blandt personalet – tværtimod. Blandt somme var der
endog stor modvilje. "Det er ikke noget vi har bedt om,
kan vi ikke få det ned og få noget kunst i stedet"? "Skal det
være kunst? Det gør min datter bedre"! Modviljen mod
disse billeder opstod ikke kun, fordi man ikke selv havde
været med til at bestemme, hvad der skulle hænge på
egen afdeling, men fordi man simpelthen ikke kunne fatte
eller acceptere, at der var tale om kunst. Modviljen hos
nogle var tilsyneladende så rodfæstet, at den blokerede for

Ellen Hyllemose.
*Papirklip med tegnestifter
bag akryl i farvet træramme,
110 x110 cm, 2001.*

Ellen Hyllemose.
*Papirklip med tegnestifter
bag akryl i farvet træramme,
110 x110 cm, 2001.*

49

da bare i første omgang at se på billederne som en munter farvelægning af væggen. For det er det – også.

Da billederne havde været oppe et par måneder, skrev jeg til Ellen Hyllemose og fortalte om de forskellige reaktioner på hendes billeder, og om hvordan jeg havde taklet dem ved et par konfrontationer. Blandt andet havde jeg talt om det enkle i kunsten, som det kan ses i noget af det smukkeste inden for billedkunsten, Matisses papirklip. Jeg havde vist ikke stort held med at overbevise om, at der her var tale om anderledes kunst, end hvad personalets talentfulde børn kunne frembringe. Ellen Hyllemose skrev et langt godt brev tilbage, hvoraf jeg må bringe et par klip.

Jeg synes tit, at folk gør kunsten for kompliceret. Jeg synes, det er godt med respons. At billederne ikke bare hænger som noget ligegyldigt, der bare passeres og bruges til at fylde en tom plads ud. Jeg tror også, at folk har godt af at se på noget, de ikke selv har valgt og ikke kender eller ikke tror, de kender.

Det, der især er tilfælles med børnetegningen, er en umiddelbarhed i forhold til materiale og metode. Der er ikke langt fra klippet, til det sidder på pladen, og det kan virke hurtigt udført. Det bygger ikke desto mindre på en erfaring, når jeg 'tegner' med saksen og siger, at netop dette er nok til at vise, det jeg har brug for. Et mere detaljeret klip ville ikke gøre det tydeligere, men bringe billedet i en anden retning. Mere mod en landskabsbeskrivelse, og det er jo slet ikke der, jeg er på vej hen. Jeg bruger mere landskabet som en form, hvori jeg lægger farve, materiale, fysik. Landskabet bliver opløst.

For mig betyder tegnestiften, papiret, baggrunden (blød masonit, opslagstavle), rammen, glasset lige meget. Tegnestiften danner sit eget billede, som et ekstra lag henover, glasset er ikke et antirefleks, det spejler 'billeder' af lys, ting og folk, der bevæger sig forbi.

Ellen Hyllemose, født i 1968, uddannet på Det Kongelige Kunstakademi 1987-95, bor og arbejder i København og har udstillet på flere af landets gode museer og gallerier.

Noget om konkret kunst og moderne sygehusbyggeri

Som fremhævet af Peter Michael Hornung, er det ikke konkret kunst, der dominerer sygehusets vægge, hvilket mere har haft at gøre med vor økonomiske formåen end med et fravalg af en kunstform, der, når den er bedst, har så store muligheder for at berige det offentlige rum. Det har ikke mindst Henning Damgaard-Sørensen demonstre-

ret i udsmykningen af en lang række arbejdspladser, stationer, svømmehaller, skoler og på intensivafdelingen på Rigshospitalet, som efter en redningsaktion af Damgaard-Sørensen i dag er en smuk, opmuntrende og livgivende visuel oplevelse.

Om konkret kunst som kunstform har Damgaard-Sørensen udtrykt sig enkelt og klart med et citat, som skal gengives fra hans smukke og læseværdige bog *Kunst i det offentlige rum* fra år 2000:

Konkret kunst kan sammenfattes i et begreb, der bygger på samme taktile oplevelse, som gælder for arkitekturen og naturen. Et hus forestiller et hus. Himlen forestiller altid en himmel. Og et konkret maleri et maleri uden påklistrede litterære eller symbolske hensigter. Det enkelte værk kan beskrives som en konstruktion af farver, form og stoflige elementer, der i sammenstillingen bliver meddelende, udtryksfulde, ekspressive. Farve og form trænger frem, opleves i øjet, som lyde igennem øret, og fremkalder stemninger og følelser, der trænger igennem og påvirker bevidstheden. Det kunstneriske udtryk viser sig alene i formen.

Henning Damgaard-Sørensen, født 1928, er uddannet murer og som kunstner autodidakt. Han er hædret med flere af landets prestigefyldte hæderspriser, var formand for Grønningen i 22 år og har været formand for Charlottenborg fra 1987.

Og så har han haft en vægtig stemme i den hjemlige kunstdebat. Ikke mindst kan det anbefales enhver, som har ansvar i sygehussektoren, at læse hans og Lars Heslets vægtige og provokerende artikel "Lægernes Hospital" fra 2001 i bladet *Arkitekten*. Med det nye Rigshospital som det bedrøvelige eksempel beskrives moderne sygehusbyggeri som rationelt indrettede behandlings- eller helsefabrikker. Et citat:

Her er poesien langt væk. De lave loftshøjder, reducerede gangbredder, anvendelse af standardiserede elementer og den gennemgående grå farveholdning fremkalder klaustrofobiske fornemmelser i husets forskellige afsnit. Her kræves markante indgreb, hvis dette forarmede visuelle miljø skal forbedres. Ligesom en generel holdningsændring, der lægger mere vægt på oplevelsens og stemningens betydning, er påkrævet.

Det konkrete maleri sygehuset har af Henning Damgaard Sørensen pryder et dagafsnit på ortopædkirurgisk afdeling sammen med en serie silketryk af Poul Gernes. Vi kom urimeligt billigt til dette store, karakteristiske og smukke maleri. 8000 kroner i hammerslag på auktion over moderne kunst.

Henning Damgaard-Sørensen.
Cirkelkomposition.
Malet på hård masonit, 110x146 cm.

Fotos fra gamle dage på geriatrisk afdeling

Patienternes alder på denne sengeafdeling er omkring de 80 år. Det betyder ikke, at det er en pleje- og hvileafdeling. Tværtimod. Holdningen er, at man gør alt for at holde de gamle mennesker aktive, fysisk som psykisk, for at de skal kunne komme til, eller fortsætte med, at klare sig selv, bedst i eget hjem. De ligger helst ikke i sengene, men er oppegående, i eget tøj i hovedparten af dagen. Derfor skulle omgivelserne uden for sengestuerne også helst være oplevelsesrige og dermed aktiverende. Den ansvarlige overlæge på afdelingen så klart, at helt moderne kunst ikke var sagen, men hun tændte straks på idéen om fotos fra gamle dage.

Den, der kunne gøre en spændende totaludsmykning over dette tema, måtte være fotografen Poul Pedersen (f. 1928). Familien og hans fotografiske værksted har sine rødder i Århus. Faderen var en kendt fotograf, Poul Pedersen overtog forretningen og har nu sin søn, Ole Hein

Pedersen, som har fotograferet til denne bog, som partner.

Poul Pedersen er ikke mindst kendt som en fin fotograf af kunst og som en, der stedse har eksperimenteret med fotografiets muligheder. Et af hans mest kendte eksperimenter er det, hvor han gav Asger Jorn idèen til at lave lystegninger (Jorn tegnede billeder med en lyskilde i luften, mens Poul Pedersen optog forestillingen, som blev til en tegning, på en meget langsom film).

Et andet eksperiment, set, men ikke kendt af tusindvis af danskere, var, da han affotograferede brugte fotos og postkort med billeder fra "gamle dage" og med avanceret fremkaldelsesteknik frembragte de smukkeste nye fotos, som med hver deres lille historie blev gengivet på mælkekartoner. Af disse blev der solgt 70.000 om dagen gennem et års tid, og mange på geriatrisk afdeling vil kunne nikke genkendende til de fotos, som på afdelingen er genfremkaldt i stor størrelse. Hvis nogle skulle have glemt, hvad man dengang kunne opleve ved morgenbordet, kan hukommelsen genopfriskes ved at studere en kollage af

Poul Pedersen,
Sporvogn i Ryesgade.
Fotografi, 68 x 80 cm.

Poul Pedersen.
Sølvsmedens værksted.
Fotografi, 68 x 77 cm.

Der findes musik for øret,
som for øjet

Johannes Holbek, Billedkunstner

53

gamle mælkekartoner, som Poul Pedersen og jeg har sammensat til afdelingen.

Fotoet med den første sporvogn i Århus er fra en af disse serier. Når man ser den smukke gengivelse, har man svært ved at forestille sig, at originalen var et gammelt, slidt postkort. Billedet er et af de 15 store fotos som smykker gang og dagligstue. Temaet for denne udsmykning er enten historiske fotos fra det gamle Århus eller billeder af gamle redskaber og værkstedsinteriørs.

Det gengivne værkstedsbillede illustrerer smukt den billedmæssige effekt, Poul Pedersen kan nå, når han i en flertrins proces deler motivet i sort og gråt for der efter igen at kopiere de sorte og grå tryk sammen i det færdige foto. Os ikke-fotokyndige kan glæde os over et kompositorisk og kontrastspændende smukt foto, men også fornemme, at der vist ikke er tale om et helt almindeligt fotografi. Flot kunst.

På det tredelte foto fra dagligstuen ses gamle land-

brugsredskaber bag hegnet af træer. Poul Petersen blev fængslet af motivet, da han på vej mod Kysing Fjord sidst i 60´erne passerede hegnet og så de mange, delvis skjulte redskaber. Da jeg sidst genså denne dagligstue, oplevede jeg en gammel patient, som ivrigt gik på opdagelse i billederne for at fortælle sin 60-årige svigersøn om de forskellige redskaber, som han så bag træerne. De havde engang været en del af hans arbejdsliv.

I samme dagligstue som det tredelte foto ses som en modpol til afdelingens sort/hvide udsmykning Malene Landgrens store røde maleri. Hvor de mange fotos fortæller hver deres historie, er der intet genkendeligt figurativt i maleriet, som kan virke næsten provokerende i sin enkelthed. Er der tale om andet, end at kunstneren på en næsten ensartet rød baggrund har tegnet en skødesløs krusedulle til højre og derefter systematisk har tørret penselen af på lærredet til venstre. Tilsyneladende ikke, men billedet virker jo på os! Er det ikke som at læse et enkelt haiku

Poul Pedersen.
Hegn af træer ved Kysing
Fjord.
Triptycon.
Hvert fotografi måler
80 x 117 cm.

Malene Landgren. U.T.
Olie på lærred, 130 x 160 cm, 2000.

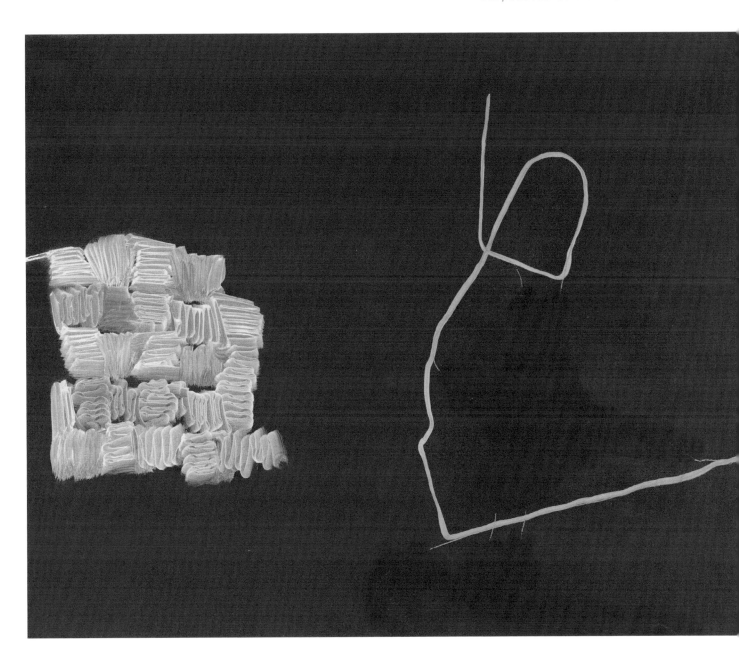

digt eller som at høre et smukt stykke musik, som vi ikke behøver at forklare eller forstå, men blot kan opleve? Og så behøver maleriet med den enkle streg jo ikke nødvendigvis at have en mindre grundig forberedelsesproces, ligesom det kan kræve mere tid og omhu at fatte sig i korthed end med mange ord.

Malene Landgren, født i 1962, fik sin uddannelse på Det Kgl. Danske Kunstakademi (1984-91), afbrudt af ophold på kunstakademiet i Budapest (1987-88), og efterfulgt af studier på Skolen for Kunstteori (1992-94). Lige siden har der været stor interesse for hendes meget sansede, poetiske maleri, som også har fine æ-dekorative kvaliteter. Det har forståeligt nok ført til store udsmykningsopgaver, blandt hvilke en 117 kvadratmeter udsmykning med glaskunst af Aalborg lufthavn hører til de meget imponerende.

En lille dagligstue til læsning og samtale

Det 70 år gamle Amtssygehus var som andre sygehuse domineret af sengestuer, behandlingsfaciliteter og kontorer med meget lidt planlagt plads til opholds- og aktivitetsrum for patienterne. Men god vilje og fantasi kan udrette små mirakler, hvilket denne lille dagligstue er et eksempel på (side 58). Den er nemlig en del af en tidligere stor altan, som i vort vejrlig kun sjældent blev benyttet. Derfor blev alle altanerne i de gamle bygninger ombygget til dagligstuer, hvilket betød et ekstra opholdsrum til hver sengeafdeling. Den her viste er en stue på mamma-endokrin kirurgisk sengeafdeling, som med velvillig økonomisk indsats fra den lokale patientforening "kræfter til kræft" fik renoveret gulv og vægge og fik nye møbler. Læg mærke til, at der er læselamper – et alt for sjældent syn i sygehusenes opholdsrum – og intet fjernsyn! Man kan i fred og ro samtale, læse, falde i tanker eller se på kunsten. Over sofaen hænger et muntert og farvespændende maleri med slips af Mikkel Engelbredt, en passende provokerende opmuntring for de kvindelige patienter, der fortrinsvis bruger dette rum. På modsatte væg vil kvinden i sofaen se på

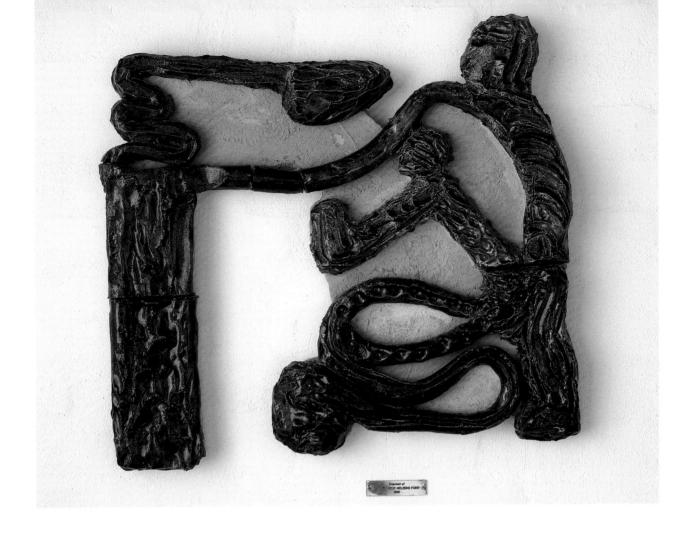

Drevhet af
LY HEDE NIELSENS FOND
1980

det smukke keramiske relief af Lene Adler Petersen.

Lene Adler Petersen, født 1944 i Århus, var med til at grundlægge Det Jyske Kunstakademi, var aktiv deltager i kunstnerkollektivet omkring Eks-skolen og er i dag nok mest kendt for happenings udført bl.a. sammen med Bjørn Nørgaard. To af de kendteste er "Hesteofringen" (1970) og "Den Kvindelige Kristus", hvor hun i 1969 uden varsel (men filmet af kollegaerne fra Eks-skolen) promenerede ned gennem den med slips- og jakkeklædte mænd fyldte børssal, nøgen med et kors i hænderne. Men Lene Adler Petersen er også filmskaber, aktiv i kulturdebatten, en god maler, har betydelige offentlige udsmykninger bag sig og har udstillet spændende skulpturel keramik. Det rakubrændte relief med den flotte sorte metalglinsende glasur gengivet her, er et smukt eksempel på hendes keramik. Derudover er hun en fortræffelig tegner. Mens jeg skriver dette, har jeg bogen *Tag en sten op* (Borgens Forlag 1977) liggende på skrivebordet. Den rummer 300 fine tegninger, hvoraf en del kunne opfattes som humoristiske kommentarer til kvindefrigørelsesdebatten, som hun også tog aktiv del i. Jeg kan ikke dy mig for at citere enkelte af de korte ledsagende tekster.

TÆNK
MED
ØJNENE

Hun hjalp sin moder –
hun vaskede sine brødres sokker

Der er dem, der går så meget i dybden,
at de bliver dernede

Lille mus på bordet der
sig mig hvem der har mig kær
det har manden i din stue
store tykke dumme frue

En dag
tog jeg
brysterne
i egen hånd

Mikkel Engelbredt. Mit slips.
Olie på lærred, 60 x 75 cm, 2002.

Mikkel Engelbredt. U.T.
Olie på lærred, 120 x 100 cm, 2003.

Mikkel Engelbredt. U.T.
Olie på lærred, 180 x 140 cm, 2003.

Kunst er stimulerende,
den stimulerer vores fantasi og følelser

Henning Damgaard-Sørensen og Lars Heslet,
Arkitekten 2001

En hvid afdeling får mere liv

Mikkel Engelbredt, født 1976, gik stadig på Kunstakademiet i København (1999-2005, elev af Peter Bonde og Jesper Christiansen), da jeg i 2002 så et par malerier af ham i galleri Franz Pedersen i Horsens. De var spændende, og da han kort tid efter fik et tre måneders legat med atelier og bolig stillet til rådighed i Erik Nyholms gamle bolig ved Funder Å vest for Silkeborg, fik jeg mulighed for et værkstedsbesøg. Der så jeg spændende kunst under udvikling, maleriet med slipset (side xx) var færdigt, og jeg blev overbevist om, at han kunne give os en god udsmykning, hvis mulighed opstod. Det gjorde den kort efter med en anmodning fra dermatologisk sengeafdeling på Marselisborg Hospital, nu en del af Amtssygehuset, om hjælp til udsmykning af sengeafdelingen. Afdelingen havde hjemme i en lidet smuk barakudbygning og var inden døre så hvid, grå og nøgen, som tænkes kan. Hvordan bygherrer og arkitekter kan forestille sig, at det kunne være inspirerende at arbejde og opholde sig i en sådan funktionel og oplevelsesfattig container er svært at fatte. Det var oplagt, at kunstudvalget måtte gøre en indsats, og da Mik-

kel Engelbredt var en ung kunstner, som stadig gik på Akademiet, kunne vi få råd til at lade ham smykke hele afdelingen. Det blev til 13 store og små malerier – og to små grenskulpturer i potter, som fyldte og gav liv i opholdsstue og på gangarealer. Helt lave om på en fattig indendørsarkitektur kunne billederne ikke, men nu var rummene da talentfuldt forskønnet med visuelle oplevelser. På fotoet ses to af de større lærreder. Det mest komplicerede lige for ses hele vejen ned ad gangen, så man næsten drages til nysgerrigt at se nærmere på det, før man drejer om hjørnet.

Læg mærke til den vægfarvemalede plade under billedet. En sådan anbringer vi under alle malerier på gangarealer, hvilket holder senge, madvogne etc. på afstand af billederne.

Før udsmykningen af afdelingen var der ofte på maleriets plads henstillet et rullebord med service, kander og meget mere, et bord som ikke hørte hjemme på gangarealet. Det bord står nu altid på sin tildelte plads. Atter engang har vi således oplevet, at kunsten ikke alene giver oplevelse, den motiverer også til mere orden og omhu med omgivelserne.

Troels Wörsel. U.T.
Olie på papir, 48 x 180 cm.

Det kolde hospitalsmiljø virker uvirkeligt.
Derfor skal kunsten være med til
at skabe en ny virkelighed med nærhed,
tryghed og empati.

Henning Damgaard-Sørensen og Lars Heslet,
Arkitekten 2001.

Bare sort, gråt, hvidt og en tommestok

Der er mange gode nulevende danske kunstnere, som vi gerne ville have billeder af, men vi har ikke haft midlerne dertil. Heldigt for os og uretfærdigt over for de gode malere (og ærgerligt for sælgerne) har vi ind imellem kunnet gøre små kup på auktioner over moderne kunst. Det var tilfældet med de to billeder af Troels Wörsel. Begge fik vi for 8.000 kroner i hammerslag.

Det tredelte maleri på papir hænger på en af de eneste disponible vægge på fysiurgisk afdeling, på stedet hvor man venter, før de fysiske aktiviteter vil lægge beslag på hele ens opmærksomhed. Umiddelbart virker dette interiør køligt, stilen er streng, farverne dæmpede, og stilmæssigt synes billedet at passe godt i det farvefattige miljø. Men ser man på billedet, og det kan man let komme til at gøre længe, vil man forundres over det uforklarligt spændende spil, som er mellem den underlige tegning og den hvide, grå og sorte farve, og man vil opdage, hvordan maleriet giver liv i rummet.

Så er der Troels Wörsels maleri med tommestokken, et af de malerier, jeg selv holder allermest af, og det er selvfølgelig helt uforklarligt, hvorfor det er sådan. Det er ikke kun, fordi kunstneren har malet tommestokken så dygtigt og smart, at det ser ud, som om den hænger i en snor foran lærredet. Nej det skyldes samspillet med den helt vidunderlige, maleriske grå baggrund, som der må vær lagt meget

kunnen og arbejde i, for at den kan virke så let og ufærdig.

Det maleri og *Den barmhjertige Samaritan* (side 70) er de eneste to af omkring 160 malerier, erhvervet af vort kunstudvalg, som ikke hænger, hvor patienterne færdes. Skylden er vor arkitekts. Han blev så helt betaget, da han så maleriet, at han ikke kunne slippe det. Vi bed hovedet af al skam og accepterede, at det måtte hænge på hans kontor. Der kan det så ikke undgå at inspirere ham til at arbejde om muligt endnu mere entusiastisk for kunstudvalget og for hospitalets indre rum. Således vil kommende patienter indirekte alligevel få glæde af maleriet.

Troels Wörsel, født i 1950, har studeret æstetik ved Københavns Universitet, men er ellers som kunstner autodidakt. Som maler er han ikke til at sætte i bås, og han har da også – som et utal af andre gode kunstnere – hentet inspiration fra mange kilder, så forskellige som gammel kinesisk og japansk kunst, konceptkunst, Jasper Johns dyrkelse af fladen og farven, og i perioder har han så givet penselen lov til at tegne sit mere spontane aftryk på lærredet. Dette sidste er vort triptykon vel et eksempel på, mens tommestokmaleriet er en smuk kombination af idé og maleri.

Troels Wörsel har boet og udstillet i Tyskland i mange år (1974-97). At hans kunst er højt værdsat illustreres ved, at han er blevet hædret med de mest prestigefyldte danske og nordiske priser som Søndergaardprisen (1990), Eckersbergmedaljen (1995) og Carnegie Art Award`s 1.pris (2002).

Troels Wörsel. U.T.
Olie på papir, klæbet på lærred,
80 x 80 cm, 1975.

Det er det, vi ikke forstår,

der gør os klogere

Jørgen Carlsen, Testrup Højskole 2005

Fra vild kunst til post-pop-formalisme

Det var ung, energisk "fandenivoldskhed", brede penselsstrøg og ingen angst for rene farver, som prægede Anette Abrahamssons kunst i 1983, da hun malede det røde, vilde billede, som var et af de første, vi købte i 1985 for penge i vor nyetablerede kunstfond. 1.800 kroner var prisen i Galleri Specta. Det blev året efter suppleret med et lidt større, så de tilsammen kunne smykke en endevæg på en af de mange trappegange. Billederne har et godt råt udtryk, som giver omgivelserne modspil.

Det maleriske udtryk skiftede gennem årene, og i 1999, da vi så en separatudstilling af Anette Abrahamsson i Galleri Dalsgaard og Sørensen i Århus, var hun kommet så langt væk fra udgangspunktet, som tænkes kan. Vi så interiør-scener og skikkelser eller blot ansigter i et tomt, fladt rum perfektionistisk malet i lækre damemodebladsfarver. Påklædningen var elegant, moderigtig. Mændenes ansigter glatte, upåvirkelige. Kvindernes overbegejstrede, overgearede uden en sprække i den perfekte make up. Der var afstand mellem menneskene. Var det en måde at karakterisere det moderne samfund på, en kunstnerisk protest mod et goldt overfladeliv, som dagligt idylliseres via medierne. Det var dygtigt gjort, men var det også god kunst? Var der mere end protest og tomhed i dem? Rummede malerierne noget eksistentielt? Havde de kvalitet, så de ville blive ved med at give oplevelse, eller ville de ende med kun at blive dekoration?

Vi troede på, at der var tale om kvalitet, købte et af malerierne til sygehuset og spurgte så Anette Abrahamsson, om hun ville stå for farvelægning og udsmykning ved renoveringen af et medicinsk dagafsnit. Resultatet af arkitektens, håndværkernes og Anette Abrahamssons anstrengelser ses på fotoet af en hospitalsgang, som før var en helt lige, ensartet malet gang med kedelig belysning. En nedbrudt væg gav en opholdsniche over for kontoret, som før var en 6-sengsstue, og den bueformede udbygning af kontoret er, sammen med kunstnerens farvevalg og fire malerier, med til at bryde gangens monotoni. Disse rum må da være blevet bedre at bruge dagen i, både for dagpatienten og for de hvidkitlede.

Anette Abrahamsson, født i Sverige i 1954, har siden hun gik på Det. Kgl. Danske Kunstakademi (1978-83) boet og haft atelier i København. Hun har haft talrige udstillinger i Danmark og Sverige, er repræsenteret på adskillige museer i begge lande, ligesom hun i mange år har været lærer på Malmö Kunsthögskola og senere ved Det fynske Kunstakademi.

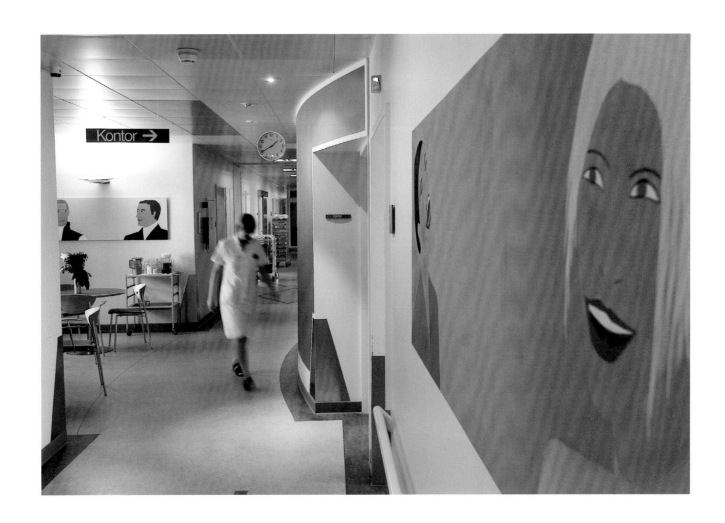

Anette Abrahamsson. U.T.
Akryl på papir, 85 x 61 cm, 1983.

Hospitalsgang med fire værker
af Anette Abrahamsson.
Fra 1988, alle olie på lærred
og hvert målende 60 x 180 cm.

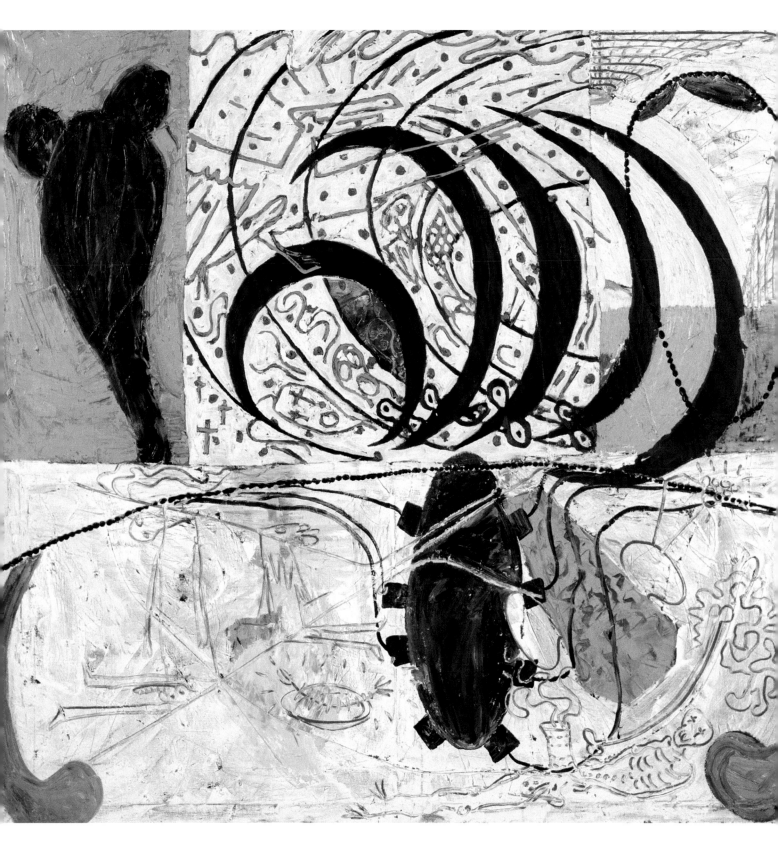

Nils Erik Gjerdevik. U.T.
Olie på lærred, 165 x 175 cm, 1987.

66   *Kunst giver liv – om kunst på sygehuse*

"Sygehuskunst" –
skal der tages særlige hensyn?

Skal der stilles specielle krav til kunst, som vises frem på et sygehus, og er der kunst, som ikke bør udstilles, hvor patienterne færdes, fordi den kan være anstødelig, ubehagelig, måske fremme tungsind og tanker om forgængelighed og død?

Før jeg diskuterer emnet, skal læseren have mulighed for selv at gøre sig sine tanker om tre af sygehusets malerier af henholdsvis Nils Erik Gjerdevik, K.M. Thestrup Jacobsen og Claus Carstensen. De tre malerier har ført til meget forskellige reaktioner, men tag selv stilling. Hvis du skulle købe kunst til sygehuset og fik mulighed for at gøre et godt køb, måske ligefrem fik et af de tre malerier tilbudt vederlagsfrit, ville du gå ind for at erhverve det til sygehuset?

Det første af de tre er af Nils Erik Gjerdevik. Det var med på en meget stor soloudstilling med malerier, tegninger og keramik i Galleri Ægidius i Randers i 1988. En herlig overfyldt udstilling med masser af oplevelse for øjet. Jeg blev umiddelbart charmeret af det store, lyse maleri, af farverne, lyset, et mylder af liv holdt sammen af en stram overordnet komposition. Lige noget for sygehuset, hvis pengene kunne skaffes. Udvalgets andre medlemmer var enige. Rømer Fonden skænkede os de 12.000 kroner.

Hvad jeg så i billedet var farver, komposition, abstraktion. Jeg bed slet ikke mærke i billedets motivverden. Det havde jeg nok gjort, hvis jeg forinden havde kunnet læse, hvad Anneli Fuchs året efter skrev i katalogteksten til en udstilling i Århus i Galleri C. Hun sammenlignede Gjerdeviks malerier med sen-gotikkens billeder med deres utrolige detaljerigdom og skrev videre:

Et andet træk hos Gjerdevik, som påminder om sen-gotikken, er hans optagethed af døden. I sen-gotikken afspejles fascinationen af døden bl.a. i dommedagsvisionerne, hvor helvedets skærmydsler er udpenslet i et væld af grufulde scener. Men også skildringen af menneskekroppe i opløsning, de mange skeletter og selve dødedansen, som er en dance macabre. I Gjerdeviks billeder optræder skeletterne og dødningeho-

vederne også, som symboler på altings forgængelighed. Men hos ham afbalanceres de ofte af forskellige frugtbarheds- og erotiske symboler. Eros og Thanatos, seksual- og dødsdriften er her forenet ....

Om vi havde ønsket os maleriet, hvis vi havde været bekendt med ovenstående, skal her være uskrevet.

Nils Erik Gjerdevik, født i 1962 i Oslo, gik i 1982-83 på H.C. Høiers Malerskole og på Kunstakademiet i Prag i 1984. Boede og arbejdede i 1990´erne i Berlin, hvor han udviklede et helt andet malerisk sprog baseret på farverige, ofte komplekse mønstre, hvori han, ofte skjult for os andre uvidende, kunne inddrage referencer fra kunsthistorien. Det er malerkunst, som har fået stor anerkendelse og stor plads i det offentlige rum, ikke blot på museer, men også som kæmpestore udsmykninger på så forskellige steder som Fields, Operaen og Københavns Universitet.

To gange har sygehuset sagt ja til at modtage malerier fra private, den ene fra familien til den afdøde maler K.M. Testrup Jacobsen. Det førte til, at vi i 1986 besøgte hans datter og valgte to billeder til sygehuset, hvor det ene er gengivet her (side 70). Hans datter fortalte om faderen, og her, mange år efter, skal jeg efter hukommelsen gengive historien kort. Han var håndværker af erhverv, men nærede en så uudslukkelig passion for maleriet, at han i mange år udelukkende beskæftigede sig med det og overlod de dermed følgende praktiske og økonomiske problemer til sin kone – og malerierne ville han ikke sælge. I 1974 blev hans værk præsenteret i en stor retrospektiv udstilling på Gentofte Kunstbibliotek. Et af de store malerier der var *Kampene om Klodens Besiddelse*. Det var malet midt under 2. verdenskrig, hvilket afspejlede sig tydeligt i billedets myldrende liv. Vi fandt umiddelbart maleriet både storslået og smukt og var ikke i tvivl om, at det kunne hænge godt på sygehuset. Da vi på det tidspunkt ikke kendte den titel, Testrup Jacobsen havde givet billedet, døbte vi det *Den barmhjertige Samaritan*.

Claus Carstensens maleri hænger på en hvidmalet murstensvæg i et ganske flot rum mellem intensivafdeling, opvågningen og operationsgangen, et rum som også giver sidde- og opholdsmuligheder for pårørende til nyopererede og for besøgende til de kritisk syge på intensivafdelingen. På forunderlig vis danner de grimme materialer, den rå tegning og resultatet af en energisk penselføring en helhed, en flot abstraktion, og så ligger der en historie gemt i billedet, som kunstneren måske kunne udlægge for os, men som vi også selv kan digte os til. En behagelig historie? Og ville tegningen sammen med det usædvanlige materialevalg ikke virke anstødende på bekymrede pårørende?

Indrømmet, den tanke havde jeg slet ikke selv, da jeg så billedet i et auktionskatalog i 1996. Jeg syntes spontant, at billedet var både spændende og smukt, et indtryk, der blev bekræftet ved et nærmere kik på selve maleriet. Det måtte vi have til en stor væg. Kunstudvalget var enig heri. Og så var vurderingsprisen og senere hammerslagsprisen rimelig.

Rummet, hvor maleriet hænger, danner en forbindelse mellem en gammel og en ny del af sygehuset. For få år siden fungerede det kun som et rum, det var nødvendigt at passere. Muren var rød mursten, farverne tunge, gulvet slidt, belysningen nøgen. Fotoet af rummet i dag viser, hvordan man for relativt få midler, med en god husarkitekt og kunst har kunnet gøre et grimt rum smukt.

Claus Carstensen, født 1957, har været en af de centrale aktører i generationen af malere, som slog igennem først i 80'erne. Han har udtrykt sig i maleri, tegning, happenings, skulptur, film, digt og har været en central debattør i diskussionen om kunstens rolle og udvikling i dagens samfund. Dertil er han overordentlig belæst og vidende om filosofi, hvilket vil fremgå af de mange citater og længere tekststykker af filosoffer, digtere, sangskrivere og kunstnere som optræder i hans store skriftlige produktion. Ikke uforståeligt, at han blev professor på Kunstakademiet som 36-årig.

I en mangefacetteret katalogtekst fra den tid, hvorfra vort maleri stammer (Lager, Galleri Specta 1987), forsøger Claus Carstensen i en manual at opdele sine produktionsmåder i syv områder. Det første beskrives således "1. Maleriet som fascinationsformen par excellence, der slæber rundt på den æstetiske byrde". Den byrde er vi kunstoplevere glade for, at maleren må slæbe rundt på.

Tilbage til diskussionen: Skal der stilles specielle krav til kunst på sygehuse.

I bogen om Ny Carlsbergfondets historie skriver Hans Edvard Nørregård-Nielsen: "Sygehuse kalder mere end noget andet på udsmykninger, men hvilke? Det er vanskeligt at gå ind i forhold til den glatte og blanke mængde af sterilitet, *kunsten må ikke virke foruroligende, men heller ikke i sin venlighed være harmløs".*

Før emnet uddybes, vil det være af betydning at se på patientens rolle på et sygehus i dag, idet behandlingsprincipper, og dermed også krav til sygehusets funktion og indretning, har ændret sig væsentligt gennem de seneste årtier. Også dette kan have indflydelse på valg og evt. fravalg af kunst.

I gamle dage – og det er ikke mere end 20-40 år siden – betød sygdom ofte langvarigt sengeleje, pleje og opvartning. Den syge modtog passivt behandling og pleje og forventede at blive rask eller at få det bedre uden selv at skulle medvirke med en aktiv indsats. Patienten blev passiviseret i sygerollen. Sygehuset var domineret af afdelinger med mange senge, og patienterne lå i deres senge næsten hele døgnet.

I dag har vi lært, at vellykket behandling og rehabilitering kræver den syges aktive medvirken, mentalt som fysisk. Man skal spise, selv om appetitten er sløj, og man skal op fra den rare seng, selv om det er svært. Det gælder ikke mindst gamle mennesker, som alt for hurtigt mister kræfter, hvis de bliver i sengen. De skal klare så meget som muligt på egen hånd for ikke at blive så passive og fysisk inaktive, at de ikke mere siden hen kan klare sig i eget hjem. Også mentalt forventes det i dag, at patienten er aktivt med i behandlingen. Det er væsentligt, at en syg bliver informeret godt om sin tilstand, og i ofte lange samtaler kommer læge og patient ind på eksistentielle emner som mulighed for helbredelse, lindring, arbejdsforhold, familie, liv og død. Det fører til tanker og overvejelser, som patienten efterfølgende har brug for at forme i ord og vende med familie, venner eller professionelt sygehuspersonale.

Har denne patient, som vi opfordrer til aktivt at medvirke i behandling og rehabilitering, og som måske har svære tanker om liv og død, brug for at se på let fordøjelig kunst med glade farver eller anden kunst, som idylliserer virkeligheden? Næppe. Som Nørregård-Nielsen skrev, kunsten skal ikke i sin venlighed virke harmløs. Det er jo ikke en drømmeverden, patienten har brug for at lyve sig ind i eller passivt lade sig omfavne af.

Heldigvis kan kunst også fortælle om en anden virke-

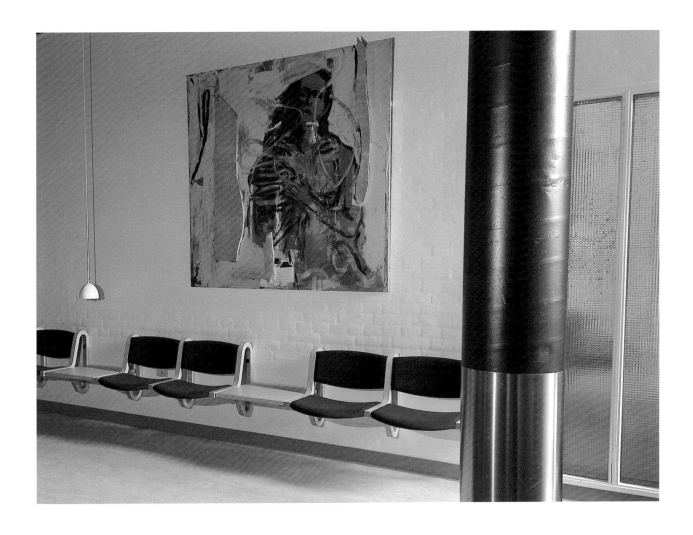

Claus Carstensen. Læsestykke.
Olie, skumgummi, gummi m.m. på masonit,
150 x 145 cm, 1986.

K.M. Testrup Jakobsen.
Kampene om Klodens Besiddelse
eller Den barmhjertige Samaritan.
Olie på lærred, 128 x 186 cm, 1943.

lighed. God kunst kan give oplevelser, stimulere til både eftertanke og nye tanker, give anledning til diskussioner. Den kan bidrage til, at indlagte og besøgende også får mulighed for at tænke på og tale om andet end sygdom og behandling. Den kan være med til at menneskeliggøre kølige, glatte og tekniske omgivelser. Der er brug for denne kunst.

Er der da kunst, som ikke bør vises på et sygehus? Kan kunst virke så foruroligende på de syge, at det kan få negative konsekvenser for helbredelse og rehabilitering eller bidrage til, at tunge tanker bliver endnu sværere at bære?

Store temaer i kunsten er kærlighed og erotik, liv og død. Der er næppe mange, som vil protestere mod, at det første tema kan blive præsenteret i sygehusomgivelser, så længe det drejer sig om kunst og ikke om porno, eller noget der kan ligne dette begreb. Et eksempel på et muntert erotisk maleri på vort sygehus er *Kvinden og Narren* af Lars Ravn, et stort maleri, som hænger ved indgangen til sygehusets kantine (side 29). Det har udløst mange kommentarer, enkelte forargede, men det må da indrømmes, at det er et ret livsbekræftende billede, og endelig hører mad og erotik da også uløseligt sammen, ikke blot i billedkunstens historie.

Sværere er det med temaet liv og død. Mange blandt personalet vil være på vagt på patienternes vegne, og billeder med et indhold som antyder død eller forgængelighed, eller blot er "mørke og dystre", vil let kunne føre til protester fra ansatte med henvisning til, at de kan virke negativt på de syge. Spørgsmålet er, om det kan være rigtigt. Er der blot tale om en misforstået hensyntagen fra et velmenende personale. Megen god kunst har død og forgængelighed som tema, beskrevet symbolsk eller direkte. Vil den patient, som ved, at han har en alvorlig sygdom, og hvis tanker kredser om en usikker fremtid, blive negativt påvirket af et maleri, som rummer denne eksistentielle konflikt, eller kan det i bedste fald være med til at få tanker til at falde på plads og give anledning til, at man taler om det, som ofte bliver fortrængt.

For at være lidt mere konkret kan vi se på de tre malerier på vort sygehus, som tydeligst rummer temaet liv og død, og som der har været meget forskellige reaktioner på.

Maleriet af Nils Erik Gjerdevik er stort, lyst og flot komponeret med et væld af detaljer. Går man nærmere på, finder man rygende skorstene, kister, kors og kroppe af skeletkarakter på dissektionsborde, men der ses også blødere former, som kan antyde symboler på forplantning.

Dette maleri har aldrig givet anledning til protester, hverken fra personale eller patienter.

Claus Carstensens maleri, råt malet, påklistret grimt skumgummi, men på forunderlig vis utrolig smukt, rummer, som jeg ser det, en tegning af en kvinde med et barn i favnen på flugt, måske fra krigens gru. Ikke noget muntert tema. Med sit utraditionelle materialevalg og den stærke tegning kunne man forestille sig, at netop dette maleri havde ført til ophidset debat og protester fra personale og pårørende. Vel har billedet givet anledning til diskussion, heldigvis, men ingen har rejst spørgsmålet, om dette maleri kunne have negativ psykologisk indflydelse på patient eller pårørende i krise.

Det har derimod været tilfældet med det stort komponerede maleri af Testrup Jacobsen malet under 2. verdenskrig og forestillende en krigsmark med et uendeligt antal levende og døde, i horisonten er der skær af ild, manden med leen ses ridende i baggrunden, i midten af billedet er en siddende samarit. Et flot komponeret, koloristisk smukt, indholdsmættet billede, som markant kan udsmykke en stor væg. Ikke et ligegyldigt billede. Dette maleri har ført til gentagne protester fra ansatte, både på egne og på patienters vegne, mens der ikke har været protester fra patienterne selv eller deres pårørende. Der er da heller ikke udpenslede grusomheder eller væmmelige detaljer i billedet, som det opleves på et utal af museernes mest berømte historiske billeder, eller som det ofte ses på TV og i aviser, hvor vi dagligt konfronteres med krig, død, vold og grusomheder. Vil et maleri som *Den barmhjertige Samaritan* i denne nutidige verden kunne påvirke sine omgivelser negativt, gøre det sværere for de syge eller forringe arbejdsmiljøet hos de ansatte? Helt åbenbart har personalet på flere afdelinger bedt om at få maleriet fjernet. Måske er budskabet i det for tydeligt, minder for direkte om verdens store ulykker, tanker og påmindelser man gerne vil være fri for, i alt fald mens man er på arbejde. Og det hjalp ikke, at vi fra begyndelsen prøvede at tale til personalets gode vilje ved at døbe maleriet *Den barmhjertige Samaritan.*

Men hvordan kan det da være, at Niels Erik Gjerdeviks maleri accepteres uden videre, mens *Den barmhjertige Samaritan* fører til heftige protester. Mon ikke forklaringen er, at motivet i Gjerdeviks maleri er mere skjult, mindre påtrængende meningsdannende, og så synes der måske også i det underfundige, fabulerende billedsprog at være en ironisk distance til alt det ubehagelige. Beskueren kan nøjes med at glæde sig over billedets farver og komposition, liniernes samspil, og behøver ikke at blive påtvunget et politisk, alment menneskeligt synspunkt.

Historien om Den barnhjertige Samaritan skal fortælles færdig. I dag hænger billedet på cheflæge Anne Thomassens kontor. Når hun ser op fra skrivebordet, har hun det lige foran sig, og der har det hængt i fire år. På spørgsmålet om, hvordan hun har det med den nærkontakt, lyder svaret:

Jeg har holdt af det maleri, fra første gang jeg så det. Det bliver ved med at være smukt billede, det falder ikke i et med væggen. Og ved du hvad? Hvis jeg en gang imellem har ondt af mig selv, når problemer tårner sig op, så ser jeg på billedet og tænker, at der er mange, som har det meget sværere.

På et sygehus er målet at give den bedste professionelle behandling og pleje. Dette indbefatter, foruden alt det tekniske, også at den syge bliver og føler sig både professionelt og menneskeligt godt behandlet. Dertil kræves, at der også bliver lagt vægt på kvalitet i patientens omgivelser. Det gælder fra man træder ind på sygehuset til indretningen af dagligstuen og kvaliteten af det, der smykker væggene – hvis der skal være kunst, skal det være god kunst. Ligegyldig, rodet ophængt kunst vil ikke signalere kvalitet, men i værste fald blokere for positive oplevelser, som man kan have så god brug for på et sygehus.

Hvad er da kravene til den kunst, der skal smykke et sygehus. Min personlige konklusion, formet af mit liv som læge og min passion for billedkunst er, at der er vide grænser for valg af kunst, men den må aldrig være ligegyldig. Den må på den anden side heller ikke have for anmassende et budskab eller for direkte udpensle lidelse, smerte eller sorg. Men den kan være klassisk eller moderne, farverig eller afdæmpet, mørk eller lys, abstrakt eller fortællende, alvorlig eller munter – og det skal være god kunst.

Kunst på arbejde

Af Bjarne Bækgaard, kommunikationschef ARoS Aarhus Kunstmuseum

Vores verden er rationel. Det er en arbejdsplads også, eller et sygehus f.eks. Det skal være rationelt, før noget andet: Her skal sørges for senge og skalpeller, katedre og kirurger, pacemakere og penicillin, gips og gaze, røntgen og rengøring – og en hel del andet. Som indlagte patienter vil vi gerne blive raske, helst hurtigst muligt. Så sygehuset skal først og fremmest fungere; funktionen har topprioritet, og det fordrer rationalitet: I omgangen med patienterne, i opbygningen af arbejdsgange og dagsrytmer, i indretningen af stuer og gange.

Og dermed punktum. Eller...

Lad os foretage os det tankeeksperiment, at alt irrationelt blev fjernet fra verden; at alene det rationelle fandtes: Det rent målbare, hvis værdi og nytte kan gøres op efter en rationel skala og lægges ind i et regneark – alt det som kan tælles eller vejes eller måles. Ingen svinkeærinder, intet unødigt tidsforbrug, ingen overflødige gøremål. Stramt og styret. Og effektivt.

Og dog. Særligt effektivt ville det nu nok ikke være, når det kommer til stykket, at udelukke tilværelsens irrationelle aspekter. Måske ville det også være en smule kedeligt i længden, at alt var rationelt og målbart. Noget indsnævret ville vi nok også opleve det. Efter kort tid ville vi formentlig komme til at savne det irrationelle; følelsen af kærlighed f.eks. eller inspirationen til at lade tankerne fare.

Det irrationelle er en del af tilværelsen, det kan – og bør – ikke elimineres, selv i det moderne, rationalitetssamfunds hellige navn. Det rationelle og det irrationelle er uadskillelige; de er hinandens forudsætninger og dermed hinandens uundværlige. Så nok har det rationelle prioritet på et sygehus. Men de irrationelle værdier er lige så væsentlige i skabelsen af et velfungerende, fremtidsorienteret sygehus. For det irrationelle agerer i rollen som katalysator af væsentlige aspekter af tilværelsen også for det moderne menneske. Det irrationelle er sprækker til ... – det andet. Til det som ikke umiddelbart er målbart. Kunsten f.eks. – den er en irrationel faktor i vores tilværelse. Et fænomen som nok er nytteløst ud fra en rationel betragtning, men som ikke er hverken værdi- eller meningsløst.

Lad os kikke lidt nærmere på, hvad kunst er for en størrelse. Og hvori dens værdi og mening består; også på et sygehus.

Jeg har i mange år haft et motto: Kunst er ikke en forudsætning for et rigere liv – men det hjælper...

Ikke at jeg opfatter kunst som en slags trylleformular eller et vidundermiddel, endsige som nye tiders svar på fordums religiøsitet. Kunst er for mig vel nærmest en horisontudvider. Og den, der udvider sin horisont, må vel siges at berige sit liv. I sine bedste momenter er kunst et fænomen, der får os til at indse, at virkeligheden har stør-

π

Vi ved ikke, at vi ikke kan undvære kunst

Professor K.E. Løgstrup

Hvad er en regnbue?

Et optisk fænomen.

Et overflødigt fænomen.

Om end såre smukt og løfterigt.

Ligesom kunsten

Kunstkritiker Torben Weirup

re vidde, end vi havde defineret den. Gennem god kunst kan vi i heldigste fald nå til erkendelser af, at verden er mere, end vi havde forestillet os.

Der findes en herlig tegning af Storm P., hvor han i en enkel streg har tegnet en lukket dør, hvorpå der hænger et skilt med teksten "Døren er åben". Tegningen indeholder – ganske typisk for denne humoristiske husmandsfilosof – et tankevækkende paradoks: nemlig forholdet mellem den lukkede dør og tekstens budskab om den åbne dør: Hvordan kan en dør være åben, når den er lukket!?

Trods sin lidenhed er tegningen et ganske rammende udsagn om og opgør med vores gængse opfattelse af virkeligheden. Vi tror, at virkeligheden er, som den er. Men det behøver den slet ikke at være. Virkeligheden er, som vi har *vedtaget,* at den er – virkeligheden er, som den er, fordi vi har *bestemt* os for, at den er sådan. Virkeligheden kan altså godt laves om eller forstås og opleves anderledes, end vores vante måde at forstå og opleve den på. En dør med et skilt med teksten "Døren er åben" spejler altså kun den virkelighed, at døren rent faktisk er åben, indtil vi bestemmer os for noget andet – in casu Storm P., at døren med "Døren er åben"-skiltet er lukket.

Ved at anfægte virkelighedens regelsæt gør Storm P. verden større. Vi troede lige, at vi kendte verden, og så får tegneren os med sit paradoks til at erkende, at verden kan være anderledes; at verden har mere vidde, er mere og større, end vi lige gik og troede – og måske fastholder hinanden i en opfattelse af.

I dét stykke ligner Storm P.'s tegning megen kunst. Som hos René Magritte f.eks., når han i sit maleri The dominion of light fra 1954 driver gæk med vores vante opfattelse og perception ved at lade nattemørket sænke sig over den nederste halvdel af billedet, mens det i den øverste halvdel er højlys dag. Eller når han i et andet maleri placerer månen foran en trækrone. Vi ved naturligvis godt, at hver-

ken en måne foran en trækrone eller samtidighed mellem dag og nat er i overensstemmelse med virkelighedens verden, som vi kender den. Men med begge maleriske paradokser får kunstneren os til at stille spørgsmålstegn ved vedtagne normer og forestillinger. Og i heldigste fald går der en prås op for os.

Kunsten accepterer altså ikke regelsættets givne definitioner og vedtagelser; tværtimod. Kunsten skiller ustandseligt begreberne ad og sætter dem sammen på hidtil usete måder. Derved opstår nye udsagn om verden, nye betydninger, nye forståelser.

At møde kunsten er altså at møde noget *andet*. At møde kunsten er at møde et modstykke til letvægtssamfundets flygtighed. Kunsten lægger sig ind som en oase af tyngde og langsommelighed – som et fremmedlegeme, der rusker de forestillinger om verden, som vi ellers lige så bekvemt havde låst os fast på.

Set gennem den optik er kunst en horisontudvidende trussel mod vanetænkning og vaneforestillinger; specielt når kunsten er avantgarde og tager den fulde konsekvens af billedkunstneren Asger Jorns (1914-1973) ord: "Hvis ikke man går til yderligheder, er der slet ingen grund til at gå". Den nybrydende kunst betræder utrådte stier.

De fleste af os kender det godt fra os selv. Vi er mest trygge ved det vante, ved det kendte, ved selvspejlingen. Af frygt for det ukendte skutter vi os over for det nye og anderledes. Mennesker, som vi er flest, foretrækker at gå i trådte fodspor. Avantgardekunst derimod har altid haft det modsat. Uafladeligt søger den ud i det fremmede, ind i det uudforskede, ned i det ukendte for at afdække, hvad der måtte være dér af potentiale og nye muligheder. For siden at omsætte de nyafdækkede muligheder i nye udsagn, nye løsninger.

Kunsten accepterer, at så længe noget står på, eller endnu ikke er sket, er det usikkert, hvad det bliver. Man

Poul Gernes.

Dekoration i linoleum, 153 x 242 cm, 1972.

Dette usædvanlige værk byder den indtrædende velkommen på Patologisk Institut i det øjeblik, man træder ind ad døren til den lille forhal. Kunstværket var en del af den samlede udstilling på Biennalen i Venedig i 1988, hvor Poul Gernes fyldte den danske pavillon. Udført som det er i linoleum, er det Poul Gernes forslag til, hvordan man kunne udnytte dette praktiske materiale i en samlet rumudsmykning, hvor gulvet var en aktiv medspiller. Fire sektioner af det viste maleri ville danne et usædvanligt og smukt gulv i et 6 x 10 meter stort rum. – Udstillingen i Venedig gav i øvrigt farvestrålende eksempler på nogle af Poul Gernes mange offentlige udsmykninger, hvoraf totaludsmykningen af Herlev Sygehus nok er den mest kendte. Men han er ansvarlig for

mange flere. I Erik Steffensens store Poul Gernes monografi er der registreret 124. Mindre kendt er det måske, at han også var den, som farvesatte Arne Jacobsens berømte 7'er-stol. I Venedig dannede 25 af disse stole i forskellige farver centrum i en total rumudsmykning.

Linoleumsmaleriet tilhører ARoS Aarhus Kunstmuseum, men da det ikke er en del af den permanente samling, har det fået lov at hænge på sygehuset. Det har sikkert ikke været Poul Gernes hensigt, at gulvet skulle hænge på en væg, men jeg håber, at han ville have accepteret det, da dette offentlige rum er blevet smukt og til glæde for mange på grund af billedet.

Kunsten er ganske vist
ikke livets brød men dets vin

Jean Paul Sartre, filosof

Hvis der hænger et godt billede på væggen,
skal man gå meget stille forbi,
hvis ikke det skal få øje på én

Asger Jorn, kunstner

kunne sige, at kunsten accepterer, at usikkerhed er mulighed. Ved hele tiden at søge ud i usikkerheden, opsøger kunsten nye muligheder. Det er udfordrende for kunstneren. Og den udfordring er god at blive smittet af. Også på et sygehus.

Enhver kommunikation kræver minimum tilstedeværelsen af to aktører: en afsender og en modtager. Sådan forstået i al forenklethed er kunst en kommunikationsform. Afsenderen er naturligvis kunstneren, skaberen af værket. Mens vi som beskuere – in casu sygehusets ansatte, patienterne og de besøgende – er modtagere. Kunstneren vil os noget, som altid i en kommunikation. Vil vi være modtagelige, må vi stille os åbne an. Vi må være indstillede på ikke alene at få øje på kunsten, men også på at have øje for, hvad kunstneren vil os med sit kunstneriske udsagn. Dybest set handler det om, hvordan vi ser på verden; om vores optik. Er vi åbne over for de muligheder og udsagn, som verden byder sig til med eller ikke?

Det fortælles om billedkunstneren Joan Miro, at han gik tur på stranden med en ven. Flere gange bøjede Miro sig ned og samlede en sten op; vennen gjorde det samme. Efter en tid standsede vennen op og udbrød: "Hvor er det mærkeligt. Hver gang jeg samler en sten op, så er det en sten, men hver gang, du samler en sten op, så er det 'en Miro'".

Kunstneren havde øje for mulighederne; hans optik på verden var åben. Joan Miro så potentiale omkring sig, selv i sten på stranden og overførte det til sine billeder og skulpturer.

Dét åbne blik på verden er god at blive smittet af. Og kunst er en god smittebærer.

Sådan lidt groft kan man dele kunst ind i to kategorier: 1. Kunst til hjemmet 2. Kunst som horisontudvider.

Den første kunstkategori er ren nydelse; farvernes indbyrdes spil, kompositionens balancerede elementer, linjernes afværgende leg over lærredet, materialernes stoflighed

og karakter – eller hvilke komponenter, der end måtte være bærere af æstetikken i et kunstværk. Kunst til hjemmet er som oftest ren æstetik. Vi ønsker øjenfryd; vi ser gerne, at kunstværket matcher sofaen, gardinerne eller stuens øvrige udstyr. Et rent æstetisk kunstværk som i kategorien Kunst til hjemmet er oftest som et etplanshus: Der er alene den ene etage, nydelsesæstetikkens, at gå ind på.

Den anden kunstkategori er i højere grad ydelse. Den form for kunst er lidt sværere at gå til; man må anstrenge sig, yde en indsats. Man må være åben; og det kræver noget: En ydelse midt i nydelsen. Dvs. kunst hvor den æstetiske nydelse fanger øjet, mens ydelsen ligger i at afdække de erkendelseslag, der er indeholdt i et godt kunstværk – lag, som beskueren med den åbne optik har øje for.

Et *godt* kunstværk i denne kategori er som et højhus. Der er mange etager at gå ind på. En æstetisk etage, en politisk, en kompositorisk, en indholdsmæssig, en formmæssig, en materialemæssig, en stoflig etc. Oplevelsens og erkendelsespotentialets mangfoldighed er i denne kategori ofte ligefrem proportional med kunstværkets kvaliteter.

Kunst til sygehuset skal være det, som kunst er, når den er bedst: en pirrende udfordring af vores vante forestilling om verden omkring os. Det, vi troede at kende, hvirvler kunstværker op og skiller ad – og samler på ny i ændrede former og udtryk. Man ved aldrig rigtigt, hvor man har den. Det er en del af den udfordrende pointe, at kunsten ikke sådan lader sig indfange eller definere. Man ved ikke helt, hvor man har den, for den udtrykker sig i et ukendt kodesprog, som af og til kræver, at vi anstrenger os lidt, eller i det mindste stiller os åbne an.

Med maleren og billedhuggeren J.F. Willumsens (1863-1958) ord: "Den gamle kunst har sit gamle sprog, som man lidt efter lidt har lært at forstå. En ny kunst har et nydannet sprog, som man må lære, før man kan forstå det."

Som når kunsten eksempelvis udfordrer vores opfattelse

af, hvad der er smukt og hvad ikke. Vincent van Goghs ud-trådte støvler f.eks. – er de smukke? Hans egen samtid var ikke i tvivl. Nej, de var alt andet; et par uhumske, formentlig storstinkende svedebakker. I dag – mange år og et stærkt ændret æstetisk syn senere – er vi lige så lidt i tvivl. For vore øjne fremstår de indført malede støvler som et sindbillede, en smertende allegori over et usselt kunstnerlevned.

Van Gogh udvidede vores æstetiske syn. Ligesom sene-re de dengang så vilde, danske 80'er-kunstneres eksperi-menter med materialer og farver i deres bestræbelser på at afdække grimhedens æstetik. Tænk at et grønlorte-brunt farvefelt kunne være så betagende på et lærred. Eller en skulptur formet af lavstatusmaterialer som rock-wool og skumplast så udtryksfuld. Begge viste de sig smuk-kere, end vi troede ved første øjekast.

Den udfordrende nye kunst er en æstetisk nydelse, af og til også en horisontudvider eller en øjenåbner, andre gange et erkendelseskammer. Man ruskes og undres, pro-vokeres og irriteres – og glædes forhåbentlig. Færdig bliver man aldrig; dertil er kunsten for stædig i sin vedholdende afsøgning af livet og dets tildragelser.

Hængende der på kontorerne, i gangene eller vente-værelset eller stående på gulvarealerne kreérer billeder og skulpturer eksistentielle sprækker ind til andre "rum", og skaber dermed en symbiose mellem de to uadskillelige: det rationelle og det irrationelle.

Den symbiose er værdifuld. Også på et sygehus, hvor man kan mene, at patienter har rigeligt at tænke på i deres egen sygdom og smerte. Men måske netop i denne situation af – meget forståelig – selvkredsende tankevirk-somhed, kan behovet være stort for at inspirere til andre tanker og anden fokus. Kunsten være hermed anbefalet som katalysator i denne i bedste fald med-helbredende proces.

Mit ærinde har været at bruge billedkunsten til at forstærke nogle af de signaler, jeg gerne vil udsende som leder. Kunstværkerne må aldrig blive ren dekoration. Provokation alene skal de heller ikke være. Men de må gerne provokere medarbejderne til at tænke: hov, hvorfor har jeg ikke tænkt på den måde før.

Mads Øvlisen, Klassisk musik 2004

Tre af fem silketryk (44 x 38 cm)
af Poul Gernes i en niche på røntgenafdelingen.

Et rart og nymalet lille venterum med nye fast forankrede stole. I
2003 kostede de fem silketryk af Poul Gernes 4200 kroner – ind-
rammet. Året før stod gamle stole og borde altid i uorden, og på
væggene sås uensartede tilfældige kunsttryk i forskellige ram-
mer. Pænt var det ikke, rodet var det. Et interiør, der kan genken-
des på andre institutioner?

Vi opnåede en stor miljøforbedring for få penge.

Healing architecture – kunsten at gøre sig umage

Af Bo Jessen, sygehusdirektør, Århus Amtssygehus

Emnet for denne artikel er de fysiske rammer, som vi tilbyder vore patienter under sygehusopholdet.

De triste fysiske rammer betegner et gådefuldt paradoks i en sygehusverden, hvor alt andet i øvrigt er kendetegnet ved, at patienternes helbredelse er i fokus: vi forsker for at finde nye og bedre behandlinger til patienterne, vi uddanner de unge med den nyeste viden om patientbehandling, vi investerer i det nyeste udstyr til blodprøver, røntgenundersøgelser og kræftmedicin. Fremfor alt gør personalet det bedste, de har lært, når de sidder med patienten ved sengekanten, i samtalerummet, på operationsstuen. På godt gammeldags dansk: vi gør os umage. På et mere videnskabeligt sprog: vi er i stigende grad optaget af at søge evidens for det, vi gør.

Hvor er evidensen for, at alvorligt syge mennesker skal sove sammen med andre syge mennesker, de ikke kender? Er det et hygiejnekrav? Hvem har haft så enestående gennemslagskraft, at vedkommende har kunnet få alle sengeafsnit i Danmark (og andre lande) til at bestå af lange lige gange, malet i hvidt med trist linoleum på gulvet og neonlys i loftet? Hvem har ansvaret for det evindelige rod på gangene, i forhallerne og i venterummene? Hvilke arbejdspsykologer har anbefalet personalet at arbejde i sådanne fysiske rammer? Når vi udstyrer patienterne med vores hospitalstøj, er det så ud fra en sikker viden om, at det er bedst for at bevare deres personlighed, styrke og evne til at bruge egne ressourcer? Hvilke ernæringseksperter har påbudt patienterne at spise i sengen eller i sengestuen, i stedet for i patientrestauranter med dug på bordene?

Spørgsmålene er vel provokerende, men ikke irrelevante i en verden, hvor næsten alt styres af den lægefaglige (eller sygeplejefaglige) viden om den rette medicin, operationsteknik, optræningsprogram, sårpleje. Vore afdelinger organiseres tillige strikt efter det stadigt mere grenspecialiserede lægefag.

Ser man på udviklingen i hospitalsarkitekturen og i lægevidenskaben, finder man desværre en uheldig sammenhæng. I en artikel i tidsskriftet *Arkitekten* nr. 22, 2001 redegør professor Lars Heslet og billedkunstneren Henning Damgård-Sørensen mesterligt, men deprimerende, for udviklingen. I gamle dage, hvor lægevidenskaben var magtesløs, byggedes fornemme hospitaler, hvor mennesket var i fokus, eksempelvis Rigshospitalet på Blegdamsvej i 1910. I takt med at flere og flere sygdomme kunne behandles og helbredes i det 20' århundrede, og lægevidenskaben derudover skulle være evidensbaseret, blev nye hospitaler bygget som rationelle sundhedsfabrikker, som det nye Rigshospital i 1960'erne. Heslet og Damgård-Sørensen skriver blandt andet: "I takt med den lægevidenskabelige succes nedprioriteres interessen for æstetiske værdier. Resultatet er afhumanisering af hospitalerne, som indretningsmæssigt og arkitektonisk er præget af ligegyldighed, kaos, manglende æstetik, krav om sterilitet, hygiejne, logistik og teknik: de såkaldte helsefabrikker".

I modsætning til "disse køligt, maskinelle og teknologiske rum, hvor man kan se fra den ene ende af sygehuset til den anden, så at sige til vejs ende" finder Heslet og Damgaard Sørensen, at det er væsentligt at etablere et medmenneskeligt hospitalsprojekt med "rum, der giver plads til plejen, omsorgen og medmenneskeligheden, hvor den alvorlige samtale har de bedste betingelser". I dette rum har kunsten en væsentlig betydning, idet "den kunstneriske indretning stimulerer personalet til at gøre sig umage. Umage med de ord der vælges, umage med empati og den kærlige pleje. Kunsten har netop mulighed for at katalysere disse egenskaber, fremme pladsen for det irrationelle, så det ikke altid er det rationelle, der tager overhånd".

Heslet og Damgård-Sørensens karakteristik af den uheldige udvikling er rammende på mere end en måde.

Poul Pedersen. Triptykon.

Olie på lærred.

Hvert maleri måler 54 x 38 cm, 1994.

I en niche, som er et ventested på et medicinsk ambulatorium, ses de tre malerier af Poul Pedersen. Den udsmykning er da forfriskende anderledes, munter og med "glade farver", men er det nu også kunst, altså god kunst. Det kunne jo ligne en smart reklame for en slikkepindefabrikant. Er det mere end det? Ja, det synes jeg, det er, og samlere og museer har gennem årene erhvervet sig malerier af denne finurlige kunstner, når han med alt for store mellemrum udstillede. Ofte har det været malerier, hvor han med bogstaver, tegn og rene farveflader lavede overraskende abstrakte kompositioner og udsagn.

De her viste tre lærreder så jeg på en retrospektiv udstilling på Vejen Kunstmuseum i 1995 og fik mulighed for at få dem til sygehuset for 12.000 kroner. Som den dygtige leder af det charmerende og spændende lille museum, som er en omvej værd, næsten forarget sagde: "I kan da ikke være bekendt at give så lidt for de billeder"! Og hvorfor er det så god kunst. Ja det kan jeg ikke forklare – men det kan fornemmes.

Poul Pedersen er født i 1933 og bor i Paris. Det har han gjort siden 1968, da han forlod familie og fast job (han er uddannet

malersvend) for helt at hellige sig kunsten. De første to år var han sikret indkomst og atelier. Det sidste på Pompidou-centret, idet han havde som opgave at rekonstruere nogle af den kendte russiske kunstner Kazimir Malévitjs arkitektur-modeller. Siden har han levet beskedent på 6.sal i 6.arrondissement, hvor han også har sit meget lille atelier. Det er ikke blot hans billeder, som udstråler humor. Selv har han sin egen lune, og sine egne overraskende replikker. Om venner:" Og så sætter jeg pris på, at de er rige (kan give middagen), at de har store biler (kan fragte kunsten) og har smukke koner".

Morten Buch. Skammel.

Olie på lærred, 120 x 120 cm, 2002.

Maleriet kan ses i en nyrestaureret dagligstue på geriatrisk afdeling. Billedet er, som så ofte hos denne maler, inspireret af de helt nære ting, her en skammel i hans atelier. Omgivelserne var også med til at forme linierne i maleriet, så resultatet er blevet en spændende komposition, næsten som et abstrakt billede, præget af en delikat farveholdning, som kommer fint til sin ret i det smukke, gamle højloftede rum på det tidligere Marselisborg Hospital.

Der kan dog være grund til at reflektere lidt over, hvordan det er kommet så vidt. Ved nærmere eftertanke må man konstatere, at det at levere sundhedsydelser har langt vanskeligere betingelser end at levere andre "ydelser". Håndgribelige varer som legetøj, sko og kaffemaskiner kan produceres i grimme fabrikker, hvorefter varen pakkes pænt ind og præsenteres for kunden i en flot butik, indrettet til kundens velbehag. Omvendt i sygehusvæsenet, hvor kunden skal modtage varen i "fabrikken". Tilmed skal kunden overnatte på fabrikken, som altså bliver kundens hjem i gennemsnitligt fem dage.

En grundlæggende udfordring for hospitalsarkitekturen er, at hospitalet både skal fungere som personalets arbejdsplads og som patientens hjem, tilmed i en periode, hvor denne er syg og måske er angst og har smerter.

Når vi i nyere tid har planlagt nybyggeri og renovering, må vi nok erkende, at vi, forenklet sagt, har opprioriteret personalets arbejdsprocesser og den interne logistik vedrørende rengøring og affaldsbehandling. Hvor er arkitekterne henne i denne sag – er det ikke basal viden at sætte sig ind i, hvem der skal bruge en given bygning, og hvilke behov brugerne har, som den fysiske indretning kan befordre? Og brugerne er ikke mindst patienterne. Arkitekterne vil sikkert påstå, at sygehusejerne ikke vil betale for også at prioritere hensynet til patienterne.

I bund og grund tror jeg, at sandheden er, at ingen har ond vilje i denne sag, men at der hidtil har været alt for lidt reel viden om, hvilken betydning de fysiske rammer har for patienterne og deres helbredelse – og i dag vil vi gerne basere al vores handling på viden!

Healing architecture

Igennem de sidste 10-12 år er der imidlertid opstået en ny bevidsthed om de fysiske rammers betydning for patienternes helbredelse. En lang række videnskabelige forsøg har faktisk bevist denne effekt. På linje med *evidens based medicin* – kaldes dette *evidens based design*. Der kan henvises til over 150 videnskabelige artikler i anerkendte tidsskrifter, hvor der gøres rede for signifikante forskelle i patienters liggetid, forbrug af medicin, genindlæggelsesfrekvens samt subjektiv patienttilfredshed. Hertil kommer påvisning af positive effekter på personalets tidsforbrug og jobtilfredshed.

Resultaterne er så overbevisende, at det ikke længere er rimeligt at se bort fra disse faktorer, og der er efterhånden mange udenlandske eksempler på, at der tages højde herfor i nybyggede hospitaler og klinikker. Efter at have set eksempler på disse hospitaler i Norge, USA, Østrig, Tyskland og Schweiz må jeg konkludere, at resultatet er overbevisende.

De væsentligste resultater kan summeres i følgende hovedanbefalinger:

Der bør være udsyn fra sengestuer og opholdsrum til verden udenfor, gerne til natur eller byliv.

Der bruges støjdæmpende materialer, som reducerer stressniveauet væsentligt.

Patienten skal selv kunne regulere omfanget af privatliv og socialt samvær. En afgørende faktor er her etablering af enestuer med plads til pårørende. Det har på en lang række punkter vist sig at være formålstjenligt. Det reducerer de mange flytninger mellem stuerne, det giver ro om natten, det giver mulighed for uforstyrrede samtaler og undersøgelser. Endvidere sænkes risikoen for infektioner radikalt. Enestuerne skal naturligvis kombineres med gode opholdsfaciliteter.

Patienterne skal selv kunne regulere varme, lys og lyd.

Tilførsel af frisk luft skal sikres, dog ikke aircondition, hvis det overhovedet kan undgås.

Rum bør indrettes med farver, kunst, træ, lamper og møbler, der giver en hjemlig atmosfære.

Der skal være patientrestauranter, hvor også pårørende kan spise med.

Hovedindgange bør give et godt førstehåndsindtryk f.eks. ved at være lyse og gerne være præget af blomster, rindende vand og udstrakt brug af træ og andre naturmaterialer.

Listen kan let udvides, fordi det hurtigt står en klart, at det såmænd er de samme faktorer, som skaber gode rammer i ens eget hjem.

Betydningen af disse anbefalinger bliver blot endnu væsentligere på et sygehus, fordi patienterne her er i en uvant og foruroligende situation, hvor der er brug for tryghed og forvisning om, at man har lagt sit helbred i gode hænder.

Sygehusets fysiske rammer signalerer til omverdenen, hvad sygehuset står for. Det er ærgerligt og unødvendigt, at de fleste sygehusafdelinger signalerer manglende omsorg og umage, når nu personalet og den mest moderne behandling faktisk leverer dette.

Når hensynet til patienten sjældent har fået prioritet i byggeprocessen, er det blandt andet, fordi indlagte patienter sjældent beklager sig over de fysiske rammer, på sam-

**En dagligstue på medicinsk ambulatorium
med et maleri af Bentemarie Kjeldbæk.**
Olie på lærred, 117 x 85 cm, 1995.

Bentemarie Kjeldbæk er født 1952. Efter sin uddannelse på
Kunstakademiet har hun fra 1984 i lange perioder boet i
Spanien. Det har præget hendes motivverden, som kan være
inspireret af markedsscener, flamingodans og tyrefægtning skil-
dret med dynamisk linieføring og i maleriet med kontrastfyldt
farveskala. Jeg holder personligt mest af hendes malerkunst, når
den enkle tegning og en mere behersket farveholdning domine-
rer som i det sorte maleri, der med enkelte elegante streger skil-
drer fiskehandleren på arbejde.

*Sygehusets fysiske rammer
signalerer til omverdenen,
hvad sygehuset står for.*

83

me måde som selv krævende personligheder stiltiende affinder sig med at gå i det pinlige hospitalstøj, vi udstyrer dem med. Forklaringen må være, at der ofte sker en væsentlig ændring i folks personlighed, når de bliver syge og dermed afhængige af de professionelle behandlere; den syge i patientrollen har svært ved at bevare sin personlige integritet. Alle som har ansvar for patientbehandling, inklusive arkitekter og sygehusejere, bør vide dette og føle ansvar for at modvirke denne situation ved tværtimod at styrke patientens personlighed og evne til at bruge egne ressourcer. Det sker også ved at menneskeliggøre de rum, de syge færdes i.

Konklusioner og anbefalinger

Med healing architecture sættes fokus på, hvad der gavner patienternes velbefindende og helbredelse i udformningen af hospitalsbyggeri. Selv om mange af de beskrevne konkrete forslag virker umiddelbart indlysende, er det formentlig nyttigt, at de også har bevist deres effekt på patienthelbredelsen i videnskabelige forsøg. Det tæller i et evidensdikteret, fagligt domineret sygehusvæsen.

I fremtidens bygge- og renoveringsprocesser bør der implicit, som en helt naturlig ting, planlægges rum og fri-rum for patienten med mere vægt på oplevelsens og stemningens betydning. Det kan i det små gøres ved at forbedre de rum, som er patienternes, og ikke acceptere forfald og uorden. Og tænk, hvor lidt det koster at male væggene, få nyt betræk på stolene og nye gardiner, i forhold til afdelingsbudgettets størrelse. Dertil kommer, at god kunst yderligere kan influere positivt på miljøet, som der er givet talrige eksempler på i denne bog. Det betyder også et forbedret arbejdsmiljø for personalet.

Ved større renoveringer og nye bygningsarbejder må den massive evidens for healing architecture komme patienterne til gode. Det betyder ikke blot, at de her nævnte basale anbefalinger tages i betragtning, men også at arkitektur, æstetik, indretning og kunst opprioriteres, og der skabes rum til eftertanke og samtale.

I det danske sygehusvæsen vil man tilbyde den nyeste og bedste behandling af sygdom, når der er skabt evidens for nytten heraf. Desværre vil en ny behandling ofte være mere kostbar. Det kan meget vel tænkes, at det bliver mindre bekosteligt for samfundsøkonomien, hvis konceptet bag healing architecture fremmes og implementeres. Det bør ske, hver gang det er muligt. - Og så kan vi med sindsro sige, at vi har gjort os umage.

Er kunst sundt? – Er livet?

Billedkunstneren Bjørn Nørgaard interviewet af kommunikationschef Bjarne Bækgaard

Vi skal jo tale om kunst på sygehus. Men lad os starte i det offentlige rum i bred forstand. Bør vi overhovedet befolke det rum med kunst?

Faktisk er det jo oprindeligt der, kunsten kommer fra. Når man ser tilbage i både de klassiske kulturer og de førhistoriske kulturer, så har det, vi i dag kalder kunst, været en del af det offentlige rum i f.eks. landsbyer og i antikkens byer. I modernismen er kunsten heller ikke en privat sag, den udspiller sig i det fælles rum.

Tidligere lod man i højere grad kunsten agere i det offentlige rum, uden at man stillede spørgsmål ved kunstens berettigelse der. Det skyldes ikke mindst, at tidligere kulturer ikke har været så materielt orienteret, som vi er. Vi er i den grad rationelle, rationalitet er jo i realiteten religionen i vores samfund i dag. Det betyder, at der bliver stillet spørgsmålstegn ved alt, der ikke kan måles og vejes. Det gjorde man ikke i samme omfang tidligere. Dengang betød det åndelige eller det guddommelige meget mere for menneskers måde at opfatte tilværelsen på. Op til og med reformationen, der læste almindelig mand ikke bibelen i den kristne kirke. Præsten læste den som regel på latin, og det er der ikke mange bønderkarle, der har fattet et pluk af. De har derfor oplevet billederne i kirken som en del af forkyndelsen. I det offentlige rum spillede kunsten altså en afgørende rolle med sin billedfremstilling.

Spørgsmålet om, hvorvidt kunsten overhovedet skal være i det offentlige rum, dukker først op i det 19. århundrede. Og den diskussion kommer jo af, at kunstneren i stedet for at være ansat af konge, kejser, fyrste, kirke, rigmænd eller hvem han nu har været hyret af, udvikler sig til at blive sådan en uafhængig størrelse, der selv skal definere kunsten og kunstens funktion og rammer. Nu fejrer vi H.C. Andersen i år, og det var jo omkring hans tid den startede, diskussionen om den konkrete fristilling af kunstneren. Mozart var en af de første rigtigt frie kunst-

nere, der komponerede, uanset om han havde en konge eller kejser til at betale sig eller ej. Albrecht Dührer er også et af de første meget gode eksempler. Han er simpelthen producent af kobberstik, som han sælger på det frie marked. Med fristillingen bliver kunstneren privat entreprenør, og i løbet af 1800-tallet bliver han oven i købet ikke bare en privat entreprenør, han bliver også en privat iscenesætter af både sig selv og kunsten.

Kunstneren træder ud af den selvvalgte isolation og involverer sig

Den udvikling tager fart i første halvdel af det 20. århundrede. I den klassiske modernisme opstår der en konflikt imellem de vedtagne sandheder og så kunstneren, der skal bryde disse vedtagne sandheder for at vise vej ind i den nye fremtid. Det er klart, at det medfører konflikter at stable sådan en kunst op, som lidt groft sagt siger, at "I er idioter alle sammen". De indbyggede konflikter er ført over i diskussionen om kunsten i det offentlige rum. De klassiske modernister gad overhovedet ikke at diskutere med hverken borgmester eller borger, der krævede indflydelse. Især i løbet af 1960'erne opstår en anden holdning til kunsten, hvor man i højere grad opfatter kunsten som en politisk funktion, dvs. som en del af samfundet; kunsten skal altså både kunne stille sig udenfor, men også involvere sig på forskellige planer. Der opstår et brud med den klassiske modernisme, fordi kunstneren træder ud af den selvvalgte isolation og involverer sig. Skellet mellem elite og masse bliver visket ud i løbet af 1960'erne.

Det målbare og det ikke-målbare

Min påstand er, at den gamle konflikt og modsætning imellem kunst og flertallet dermed er ophævet. I stedet er

Kunsten er én af de måder
du kan glemme dig selv på

der kommet en anden modsætning ind, nemlig imellem det målbare og det ikke-målbare. Den modsætning gælder ikke kun kunsten og en række kulturelle aktiviteter, men også samfundet som sådan, for desværre har vi i sjælden grad skabt et samfund, hvor alt skal måles. Det er et frygteligt problem. For som allerede Bohr fandt ud af, så ændrer man tingene, hver gang man måler dem. *Den* dybe erkendelse har man overhovedet ikke omsat i konkret dagligdags handling.

Og det er i virkeligheden det, der skaber mange af de ulykker, vi har i de her år: Denne ulyksalige idé om, at det er muligt at måle sig frem til en sandhed, så vi derudfra kan ændre verden til det bedre. Holdningen er, at det, der ikke kan måles, har ingen værdi. Det gælder for en lang række ting, ikke bare kunst, men også f.eks. naturværdier og menneskelig omgang. Jeg siger ikke, at man ikke skal måle. Men vores konstante fokusering på målinger betyder, at vi har mistet forståelse for, at alt er i bevægelse og sansen for den organiske måde at tænke på. Det er dybt tragisk, og der er kunsten virkelig kommet i klemme.

Al den måleri og strømlignethed gør jo, at vi får skrællet alt det af, der ikke kan måles. Og kunstens påstand er jo netop, at det er alt det overflødige, der giver indholdet i livet. Det er alt det overflødige, der gør, at det faktisk er morsomt at leve her på jorden. Det er da fint nok, at alt det, der kan måles, er der, men det ved vi jo i forvejen, det er ikke så interessant. Det, der er interessant, er, hvad sker der med alt det, vi ikke kan måle. Hvordan måler man f.eks. skønheden af en symfoni eller af en solnedgang? – hvordan måler man fornøjelsen ved at gå med sin hund langs stranden? Det kan man ikke! Min påstand er altså, at det er alt det overflødige, der gør livet værd at leve. Derfor er det en katastrofe, at vi tror, at vi kan måle os til en bedre tilværelse; det kan vi ikke. Man kan sige, at socialisterne troede, man kunne forbyde sig til en bedre tilværelse; ny-

liberalisterne tror, at man kan måle sig til en bedre tilværelse. Begge dele er lige vanvittige.

I dag har vi mistet glæden ved at være i situationer, hvor vi glemmer os selv. Det er skidt, for jo flere situationer, du møder i din dagligdag, hvor du glemmer dig selv, jo bedre. Kunsten er én af de måder, du kan glemme dig selv på; at blive forelsket er en anden måde, at have børn er en tredje osv. Set i det lys tror jeg, at offentlig kunst har en helt anden betydning i dag, end den havde både i 1960'erne og tidligere. Kunsten skal ikke nødvendigvis være hverken provokerende eller underholdende eller smuk eller indviklet. Den kan sådan set bare være der. Jo mere den bare er der anonymt, des mere er den med til at berige pladsen, og jo bedre giver den rum for, at folk bare kan være til stede og glemme sig selv.

Kunsten kan naturligvis også godt være til stede på mange andre planer. Når man godt kan lide et gammelt hus som det her (Bjørn Nørgaards hjem og atelier, red.), så er det jo ikke fordi, man ser kunst, men nærmere på grund af måden dørene er lavet på, de facetslebne ruder, stukken i loftet, den usædvanlige loftshøjde osv. – i virkeligheden alt det, der gør rummet uoverskueligt. På grund af de mange kanter i rummet kan man ikke umiddelbart definere det. Sådan bygger man ikke i dag.

Og faktisk kan man sammenligne det samfund, vi har nu, med den måde vi bygger på. Vi laver rum ud fra mål bestemt af byggeregulativet. Alt bliver firkantet og retlinet, så man kan overskue rummet, lige så snart man kommer ind i det. Det betyder, at man er færdig med rummet med det samme, der er ikke mere at lave der; alt det overflødige, det der gør, at det faktisk bliver rart at være i et rum – det uoverskuelige og det, at man kan være i rummet på forskellige måder – det er fjernet. Det moderne rum kan man kun være i på én måde, nemlig den måde rummet er bygget til. Men det er altså udtryk for den ulyksalige idé om, at man

*Dybest set handler det om nogle mærkelige,
ikke-sproglige sansninger*

kan skære alt det overflødige – alt det umålelige – væk.

Som en parallel hertil er diskussionen om kunst i det offentlige rum i dag en diskussion om det umålelige imod det målelige. At placere kunst i det offentlige rum er at indføre nogle elementer og nogle værdier i vores meget rationelle samfund og tilværelse, som ikke er rationelle og ikke kan måles, og som derfor er i stand til at gøre os opmærksomme på alt det umålelige – alt det som i virkeligheden gør livet værd at leve.

Kunstdimsen på vejen

En af dine yngre kolleger, Lars Bent Petersen har sagt om kunst i det offentlige rum, at han bestemt ikke har lyst til at møde en eller anden uforståelig kunstdims på sin vej hen i Irma for at købe kartofler …

Det er udtryk for en tankegang fra 60'erne, som jeg ikke vil fraskrive en vis legitimitet. Den holder imidlertid ikke, fordi den er udtryk for en form for ny-rindalisme, og stod den til troende, så kunne man ikke lave noget som helst i det offentlige rum. Selvfølgelig vil der altid være nogen, der bliver fornærmede over at møde kunst i det offentlige rum, men i dag er kunstnerne faktisk langt mere involverede med bygherren. I dag er der jo en lang diskussion mellem kunstneren og f.eks. repræsentanter for den kommune, hvor værket skal stilles op. Meget ofte vil der være borgermøder, og der vil være diskussioner i aviserne, og der vil være lokalradio, og der vil være hist op og kom langt ned – masser af diskussioner forud. Verden er altså blevet mere kommitteret og involveret, når der skal placeres kunst i det offentlige rum. Udsagnet om, at man ikke vil møde en uforståelig kunstdims på sin vej, kan derfor være fint nok som overskrift og udgangspunkt for en diskussion, men den er ikke en beskrivelse af virkeligheden.

Du vil måske endog gå så vidt som til at sige, at der i

dagens målende og strømlinede samfund faktisk er endnu større behov for, at kunsten lægger sig ud i det offentlige rum, som en slags det umåleliges replik.

Ja, det vil jeg påstå. Men det er naturligvis vigtigt, at vi, i diskussionen af, hvordan det sker, gør os klart, at der er en lang række forskellige måder at gøre det på. Lars Bent Pedersen og hans generation går jo ind og kommenterer eller påvirker sociale begivenheder rundt omkring i deres såkaldte kontekst-kunst, hvor de kunstnerisk bearbejder bestemte lokaliteter med f.eks. indretning, farver osv. Deres metode er altså at gå direkte ind og kommentere hverdagsagtige begivenheder for derigennem netop at lukke øjnene op for det umålelige; ikke som egentligt kunstværk, men som en del af tilværelsen. Og så er der jo stadig dem, der laver en skulptur, der bliver sat op, hvilket også kan være utrolig fint. Og så er der et eller andet sted i det forløb, hvor man mere eller mindre integrerer kunst, arkitektur og funktion med hinanden. Jeg tror, at det er vigtigt, at man, når man diskuterer kunst i det offentlige rum, opererer med hele skalaen fra enkle autonome værker over i en skala i mere eller mindre integrering mellem arkitekturen og funktionen og kunsten, og så til egentlige kommentarer af sociale sammenhænge, som det sker i den kontekstuelle kunst. Ser man på de enkelte kunstværker, så vil det vise sig, at de alle sammen indeholder sociale strukturer. Når Hein Heinsen f.eks. sætter en stor granitblok op, så er der jo kraner og murer og tømrer, og der er folk, der graver huller i jorden. Altså, der er jo også i et sådant værk en lang række sociale funktioner, der bliver indeholdt i værket; ligesom der er i kontekst-kunsten, hvor de sociale funktioner finder sted i de afgørende møder mellem det sociale og kunstneren. Jeg opfatter det ikke som et enten-eller. Derfor ser jeg ikke noget galt i at stille sådan en eller anden dims op. Det afgørende er, at dimserne er af meget høj kvalitet, og at det er de bedste dimser, der bliver sat op. Det er jo straks et

Vi bør erkende,
at verden grundlæggende
er irrationel

Kunsten sætter spørgsmål
ved skønhedsopfattelsen

meget større problem. For hvor man kan sige om de mere socialt, kontekst-prægede kunstværker, at de er en flydende, midlertidig proces, så har dimsen jo oftest en mere permanent karakter.

Det afgørende er at skabe fora til sikring af, at det er de bedste dimser, der kommer op at stå. Det er jo i virkeligheden der, hvor det bliver interessant, for hvem afgør det? Ja, der bevæger man sig ind i et område, hvor politikerne har meget store problemer. Hvis en overlæge udtaler sig, så forholder man sig til faglighed, men når det kommer til skulpturen, så stoler politikerne pludselig ikke længere så sikkert på den faglige kompetence. Den situation er det vældig vigtigt at diskutere, for det er en diskussion om værdier, som du ikke kan måle, men kun kan sanse. F.eks. spiller to pianister den samme klaversonate af Beethoven; begge spiller de noderne helt korrekt. Den ene spiller som en drøm og den anden dårligt – hvorfor? Ja, man kan kalde det overtoner, man kan kalde det formens baner, man kan kalde det alt muligt, men dybest set handler det om nogle mærkelige, ikke-sproglige sansninger. De er på den anden side af det målelige, og som sådan et problem i vores samfund, hvor alt skal kunne forklares lineært sprogligt i logiske syntakser. Det gør diskussioner om sansninger næsten umulige i vores kultur. Men her kommer kunsten ind som en vigtig faktor; ikke mindst den der dims, der bare står og er dum. Faktisk er der ikke så meget at sige i relation til den, for det bliver sagt i og med, at den overhovedet er der. Den slags er naturligvis meget svært for moderne mennesker at forholde sig til, men det gør det ikke mindre væsentligt.

Den faglige kompetence

Du talte før om, at der går en, ja nærmest demokratisk diskussion forud for placering af et kunstværk i det offentlige rum. Men hvem træffer afgørelsen om, hvorvidt dimsen er god eller ikke god?

Det gør den faglige kompetence. Dvs. kunstnerstanden, Akademirådet, professorerne og f.eks. de kunstnere, der igennem deres virke og værk har vist, at de har den autoritet der gør, at de kan udtale sig. Alle sammen fagfolk, der hævder at have forstand på det, de taler om.

Det var i sin tid Jytte Hilden, der som kulturminister startede den her diskussion om kunst-forstand. Hun havde jo den idé, at hvis man vidste noget om det, et udvalg skulle behandle, så var man forudindtaget og derfor ikke egnet. Det vil altså sige, at man i hendes øjne er inhabil og forudindtaget, hvis man ved noget om det, der skal diskuteres. Det var unægtelig en interessant vinkel på tilværelsen. Men når man i dag hører Anders Fogh Rasmussen, så er det fuldstændig det samme: Ideen om at folk, der ved noget om det, de taler om, er farlige, fordi man ikke kan få dem til at fremsætte et forudbestemt standpunkt.

I den politiske verden – og det gælder jo stort set alle partier – er agendaen 1. at det skal kunne måles, 2. at det skal kunne forklares og 3. at man skal sørge for, at den konkrete økonomiske virkelighed, der ligger bagved, er så uigennemskuelig som muligt. For hvis man både kan komme med noget, der kan måles og forklares, og samtidig forklare hvorfor det skal være der og også gøre grundlaget uigennemskueligt, så kan man jo slippe af sted med hvad som helst. Det er det, der sker for tiden, og derfor bliver tingene underligt absurde, fordi de jo er vældig rationelt begrundede, men i deres udgangspunkt dybt irrationelle. Efter min mening er det meget farligt, fordi blandingen af noget, der i sit udgangspunkt er hårdt rationelt i sin måde at fremtræde på, og som samtidig er dybt irrationelt i sine bevæggrunde, fører til katastrofer. Det har vi set tidligere i Europas historie.

Jeg tror, at vi desværre lige nu bevæger os ind i en tid,

De mennesker der står for kunstindkøb
har et ansvar

hvor vi har en stærkt dominerende, rationel overflade, og
så har vi en stor irrationel størrelse, som vi ikke rigtig ved,
hvor vi skal gøre af. Den måde at omgås det irrationelle og
det rationelle på er vældigt bekymrende. I stedet bør vi
erkende, at verden grundlæggende er irrationel. I denne
irrationelle verden kan vi så skabe rationelle rum, sådan
at vi faktisk kan foretage os nogle fornuftige handlinger
ind imellem. Men hvis man påstår, at verden kan være
rationel og beskrives og forstås rationelt og så samtidig
ikke tager stilling til, at den er absurd, så har man et pro-
blem. Efter min opfattelse er det vigtigt, at man diskuterer,
hvordan man får det rationelle og det irrationelle rum til
at leve sammen. Kunsten kan bidrage til den diskussion,
hvad enten det er billedkunst, musik eller andet.

Kunst er sundt

*Lad os overføre den tematik til sygehusene med et udsagn af
den engelske læge Richard Schmidt: "Brug mindre på sund-
hed, mere på kunst, det vil formentlig forbedre sundheden".
Er du enig?*

For mig er der ingen tvivl om, at det har en positiv
effekt, hvis mennesker opholder sig i smukke rum, der er
velproportionerede med lys og gode materialer, dvs. rum
der har kvaliteter; rum der ikke er overskuelige, rum som
man kan bevæge sig i organisk, og som måske er befolket
med billeder: ornamenter, malerier osv. Da Poul Gernes
lavede prøveafdelingen ude på Gentofte Sygehus, havde
han den idé, at der i et rum skulle være sejlskibe, i et
andet rum billeder af biler, i et tredje rum blomster osv.
Det vil sige, at han med dekoration skabte en meditativ
kvalitet. Også lys- og lydniveauet er meget vigtigt i rum.
Ikke mindst på et hospital, hvor ingen har tænkt på, at
lydene næsten er det værste, når man ligger der som pati-
ent om aftenen.

Hvis patienterne så oven i købet fik veltillavet sund,
helst økologisk mad, så ville det uden tvivl fremme sund-
heden. Vi kan jo se på statistikkerne, at det stadig er men-
nesker med de dårligste boligforhold, de dårligste livsfor-
hold, de ringeste uddannelser osv., der har den største
sygelighed. I den forstand er der ingen tvivl om, at det
æstetiske lag har en effekt på os.

*Når du taler om det æstetiske i den sammenhæng, taler
du så om det æstetiske som det smukke?*

Ja.

*På Århus Amtssygehus f.eks. findes der kunstværker, som
givetvis har udfordret personale og patienters opfattelse af,
hvad der er smukt; udfordret deres syn på æstetik.*

Jamen, nu taler vi om skønhed i to forskellige betydnin-
ger. Man kan tale om det smukke og det skønne i ugeblade,
modejournaler og den slags, altså de modeller, der sjosker
rundt på et langt bræt med noget tøj på, og som skal være
tynde, eller hvad de nu skal være. Tidligere ville man nok
kalde det den småborgerlige smag. I dag, hvor småborger-
ligheden er forsvundet, vil jeg kalde det den kommercielle
smag, dvs. den smag som de kommercielle udbydere af tøj,
møbler, køkkener, biler eller hvad der er af sådan nogle
fysiske genstande, laver for at sikre sig, at flest muligt vil
købe deres varer. Både den småborgerlige smag, den 'gode'
smag som det hed dengang, og det, som jeg vil kalde den
kommercielle æstetik, bygger på, at så mange som muligt
er enige om, at det her er godt og smukt.

Den kunstneriske skønhedsopfattelse derimod er en
helt anden. Det er en, der sætter skønhedsbegrebet i spil.
For ifølge kunsten bliver skønheden træt og forsvinder,
når for mange bliver ved med at gentage den – den forfal-
der langsomt og bliver til 'god' smag, forstået som småbor-
gerligt, kommercielt bras.

Kunsten vil hele tiden sætte spørgsmålstegn ved den
skønhedsopfattelse, som vi har fået overleveret. Man skal

gøre sig klart med skønhedsbegrebet i kunst, at det skønne er det sande. Og det skal forstås på den måde, at det er den sande beskrivelse af verden. I kunstnerisk sammenhæng er det skønne altså ikke nødvendigvis, at alle bare siger, nej hvor er det pænt! Det er det pæne i kunsten, og det er ikke det samme som det skønne. Der er en forskel.

Berigelse for patienterne

Der kan vel ofte være en forskel på vores psykiske tilstand, når vi befinder os i det offentlige rum, og når vi befinder os på et sygehus – på sidstnævnte er vi jo ofte af grunde, vi ikke bryder os meget om. Bør det have indflydelse på den kunst, som man så udvælger til et sygehus?

Det er jo sådan et spørgsmål, som man hverken kan sige ja eller nej til. Siger man nej, så er det falsk, og siger man ja, så er det falsk. Der hvor konflikten, du peger på, kan opstå, er i forbindelse med indkøb af kunst. Et stærkt surrealistisk maleri f.eks. af en eller anden, der er ved at krænge hjernen ud på sig selv, er måske ikke det mest hensigtsmæssige at hænge op et sted, hvor folk går på kanten af at fejle et eller andet alvorligt. Omvendt, det kan måske netop være der, det skal hænge, fordi det muligvis giver en forestilling om, at de ikke er alene med de her oplevelser – at der faktisk er en måde at beskrive de oplevelser på. Det er et meget subtilt spørgsmål, hvornår skal man tage hensyn, og hvornår man skal lade den enkelte selv tage stilling. Hvornår skal vi tygge maden for andre mennesker, og hvornår skal vi lade være?

Konflikten vil, som jeg ser den, hovedsagelig opstå i forbindelse med gaver og i forbindelse med indkøb, og der er ikke andet at sige til det, end at de mennesker, der står for det, har et ansvar. Vi kan ikke lave regler for det; man kan ikke lave regler for alt her i livet. Jo, man kunne lave én regel, den skulle hedde: vi skulle lade nogle begavede, ind-

sigtsfulde og fornuftige mennesker tage stilling, så ville de nok handle fornuftigt.

Hvad angår egentlig udsmykning i forbindelse med sygehusbyggeri eller -renovering, hvor kunsten er tænkt som en ekstra dimension, som kan være til berigelse for patienterne, så stiller sagen sig anderledes. I den forbindelse har man en naturlig dialog-mulighed, så problemet ikke vil opstå. I den sammenhæng, hvor man laver noget til stedet på stedets betingelser, bør man diskutere, hvad kunsten skal der. Hvis vi skal vende tilbage til Poul Gernes, så er Herlev Sygehus et fremragende eksempel på, at det kan lade sig gøre, at det faktisk virker. Et sygehusmiljø er jo et fysisk hårdt miljø, hvor der sker mange ting; der bliver rykket rundt, og der er jernsenge, folk skal ud og ind, og hvad ved jeg, så det skal være robust, det man gør. Noget af det værste ved offentlige institutioner og byggerier i dag er, at de ikke bliver vedligeholdt. Det betyder f.eks. at børn, i modsætning til da jeg gik i skole, går rundt i moderne skoler, der ligner bombede lokummer. Vi er nødt til at se i øjnene, at det gør nogle af vores hospitaler også. Udover at de ikke bliver gjort ordentlig rene, så bliver de ikke vedligeholdt. Når man bygger dem, så vælger man materialer, man på forhånd må vide vil se skramlede ud i løbet af 14 dage: altså når en seng kører ind i en gipsvæg, så kommer der en bule, sådan er det bare. Eller hvis du har en billig, lamineret dør, så kommer der en bule og en skramme, første gang portøren banker ind i den. Da det sker mindst 100 gange om dagen, så er det 100 buler om dagen gange 360, så det bliver mange buler i løbet af et år.

Hvis man i højere grad byggede og brugte lidt ekstra penge på anlægget, så ville man hente mange penge hjem på driften. Og hvis man vedligeholdt løbende, så ville man spare mange penge på de der totalrenoveringer, som skal laves hver 10. år.

Lav en indkøbspolitik

Skal jeg forstå det sådan, at når du tænker kunst på sygehus, så tænker du i meget bred forstand? – ikke kun på kunstværker, heller ikke kun på kunstnerisk udsmykning, men du tænker på hele iscenesættelsen.

Jeg mener, at man skal tale om et sammenspil. Lad os nu sige, at vi gik ind i sådan et sygehus, så synes jeg for det første, at man skulle diskutere en total kunstnerisk bearbejdning i et samarbejde med arkitekten, sådan at hele det funktionelle forløb fik en særlig æstetisk drejning i hele huset, som gav en sammenhæng i huset og gerne en visuel aflæsning. Det er jo det Poul Gernes har gjort så fint på sin måde i Herlev. Det er den ene ting, man skal gøre. Derudover skulle man lave en overordnet kunstplan for sådan et sygehus. Ikke købe det hele på én gang, men sige: et sygehus er et særligt slags kunstmuseum, hvis kunstsamling skal bygges op ud fra en bestemt idé. Det ville være hensigtsmæssigt for et nyt sygehus at lave sådan en indkøbspolitik. Hvad vil vi? Hvilke billeder kunne vi forestille os at hænge i en opholdsstue? Hvad kunne der hænge på gangene, hvad skulle hænge på kontorerne, hvad skulle hænge på stuerne, hvor folk ligger? Osv. At man simpelthen diskuterede i et udvalg, gerne med en museumsmand eller en kunstkritiker som bisidder, og så lavede en indkøbs- og ophængningspolitik. Derefter bør sygehuset klart og tydeligt melde ud, dels at man laver en udsmykningssammenhæng, dels at man laver en kunstplan for sygehuset, som sygehuset så arbejder ud fra de næste 10-15 år.

I den forbindelse er der en ting, der er meget vigtig, nemlig at man klart og tydeligt til alle forretningsforbindelser og andre samarbejdspartnere siger: Hvis I har tænkt jer at give os et kunstværk i en eller anden anledning, så skal I ikke selv købe det, men gi' os pengene. Det er utrolig vigtigt, fordi alt for mange gode ideer bliver ødelagt af, at en eller anden – måske i den bedste mening – kommer slæbende med noget, som ikke harmonerer med den fastlagte politik. En sådan politik vil også betyde, at man har en sammenhæng at tænke tingene ind i, når man f.eks. får nogle penge eller fondsmidler. Jeg tror faktisk også, at lige meget hvor meget og hvor lidt den enkelte ansatte eller patient har af forhold til kunst, så kan de se, når der er en sammenhæng, fordi nogen har tænkt over tingene. Det er for kunsten og for stedet en stor velsignelse, hvis der en sammenhæng i det, man gør.

Kunst som katalysator

En fastlagt indkøbspolitik vil også eliminere de der håbløse diskussioner om, hvornår et bestemt kunstværk er egnet eller ej. Da Poul Gernes startede på Herlev Sygehus havde han i starten en masse diskussioner med arkitekter, folk fra amtet og overlæger. På et tidspunkt fremlagde han sit forslag til farveskala, og så havde en af overlægerne sagt: Nej, man kan altså ikke lade folk ligge og dø i det her! Poul var lidt nedslået og kom hjem og talte om det, og jeg sagde: Jamen Poul, du kan jo bare sige, at man kommer ikke på et sygehus for at dø. Det havde han så sagt, og det fik dem til at holde kæft. Der ligger mange følelser i det, det skal man gøre sig helt klart.

En vigtig del af diskussionen om kunst i offentlig sammenhæng er netop, at fordi kunsten ikke kan måles og ikke konkret kan sættes på sproglige formler, så udløser den følelser, som jo i virkeligheden har hobet sig op fra en helt masse andre ting, hvor man ikke har kunnet komme af med det. Man skal derfor gøre sig helt klart i diskussionen om kunst, at kunst meget ofte bliver en katalysator for at lufte emotionelle, irrationelle overvejelser, der dybest set har at gøre med selve meningen med livet. Personligt erfarede jeg det, da jeg lavede udsmykningen på Gladsaxe Bibliotek i 1980. Man stemte om det på ikke færre end tre kommunalbestyrelsesmøder. På det tredje, afgørende møde var der i alt 8-9 sager på dagsordenen. Efter blot en time havde medlemmerne bevilget 500-600 mio. kr. Så kom de så til udsmykningen, hvor deres andel var 175.000 kr. – det tog 5 timer og en masse lange taler. Det er naturligvis besværligt, men det må være sådan. For hvis kunst er ligeså nemt som alt andet, så kan den lige så godt lade være med at være der. Kunst skal efter min mening være besværlig; den skal diskuteres, den skal argumenteres. Den dialog, der kommer ud af det, er vanskelig, for det er en ikke-demokratisk og ufornuftig dialog uden konkrete mål. Og dog. Der er et konkret mål, nemlig at man i sidste ende, når alle de her overvejelser og diskussioner er afsluttet, må lægge sin skæbne i fagfolkenes hænder. Kunstnerisk udvælgelse kan og må aldrig gøres til en egentlig demokratisk proces.

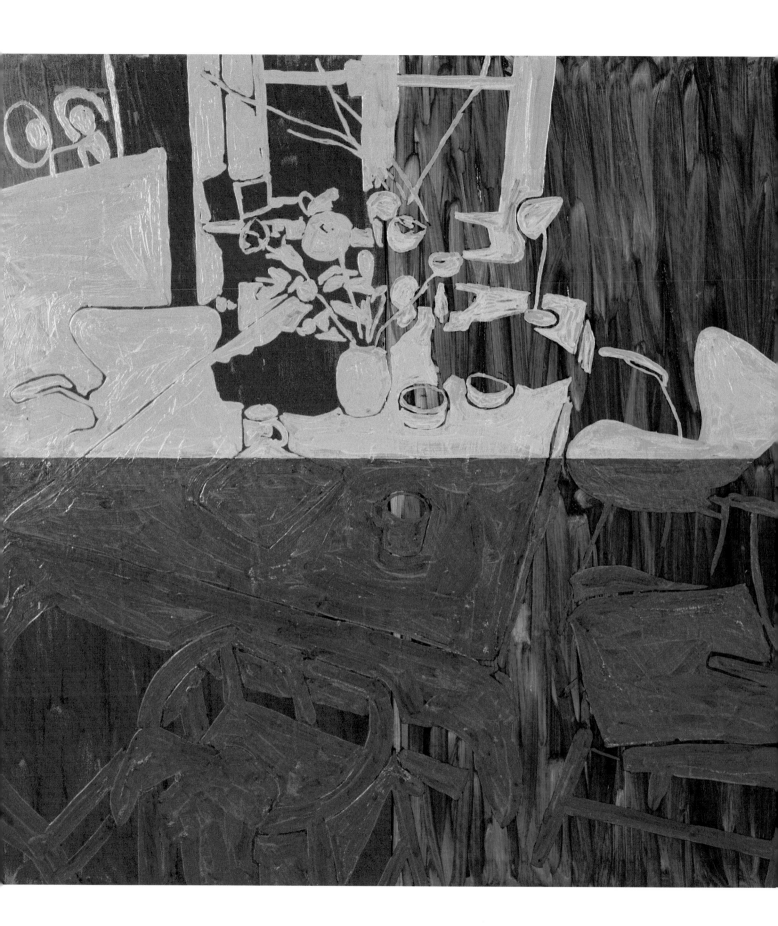

En kunstanmelder på besøg
Om kunsten og sundhedsvæsenet

Af Peter Michael Hornung

Man kan spørge, om det overhovedet er væsentligt at høre, hvad en kunstanmelder mener om kunstværkerne på et hospital. For et hospital er ikke en kunsthal og endnu mindre et museum. Det er ikke engang en kunstforening, selv om arbejdspladsen sikkert har en kunstforening, ligesom andre velfungerende arbejdspladser, og institutionen selv kan rumme masser af kunst. Det er netop, hvad Amtssygehuset i Århus gør, rummer masser af kunst, og endda masser af god kunst, på alle fællesarealer. Men hospitalet er en arbejdsplads og en hvileplads, og den kunst, som hospitalet har indkøbt siden 1985 og hængt op, må først og sidst være relevant for brugerne, dem, der i kortere eller længere perioder har deres faste gang på stedet. Dvs. enten arbejder der, som læger, sygeplejersker, portører osv. eller er indlagt til undersøgelse eller behandling, som patienter.

Anmelderen derimod kan kun være en gæst på vej gennem afdelingerne. Om end en privilegeret gæst. For han skal kun mene noget om kunsten som et isoleret fæn-omen. I kraft af sin faglige ballast kan han måske vurdere, om det enkelte billede er et tilstrækkeligt godt billede til at berettige indkøbet. Derimod har han ingen forudsætninger for at vide, om billedet i bredere forstand passer til stedets ønsker. "Stedet" skal i denne sammenhæng ikke forstås for snævert, dvs. bare som farven på væggen bag billedet, eller som de kunstværker, der tilfældigvis er naboer til den aktuelle erhvervelse.

Her noterer anmelderen sig, at materialet trods den stilistiske spredning er fordelt med omtanke, også selv om der stedvis kan opleves noget, der ligner sammenstød. Det skyldes, at kunstværker – selv fra samme land og samme generation – nemt kan virke som hinandens diametrale modsætninger. Anmelderen havde heller ikke haft noget imod, at den konkret konstruktivistiske kunst havde været stærkere repræsenteret, uden at han dog kan føre bevis for den fornemmelse, at denne kunst ville virke mere beroligende på ængstelige patienter end f.eks. et nyekspressionistisk maleri af en af de nye vilde. Når sygehuset rum-

Kaspar Bonnén. Hjem igen (en lørdag aften).
Olie på lærred, 115 x115 cm, 2002.

Her møder vi noget genkendeligt, et bord med krus og en vase med blomster, en stol for enden af bordet, og minsandten to af Arne Jacobsens kendte 7'er-stole, en barnestol, en læselampe, vinduet, et glimt fra et hjem med mindst ét barn, men der er ingen mennesker i rummet. Billedet er også uvirkeligt, som en opstilling, et stilleben, men der er ikke rigtig orden på elementerne, de påtrængende farver forstyrrer, gør det hele abstrakt, til et abstrakt rum? Giver kunstneren os her inspiration til at se på virkeligheden med andre øjne?

93

mer en fin samling af de "unge vilde", hænger det formodentlig sammen med, at det unge vilde maleri brød igennem i netop den periode, hvor samlingen blev grundlagt.

Hvad anmelderen ikke er i stand til at vurdere, er hvordan kunstværkerne på Amtssygehuset virker i det lange løb. Dels individuelt – på de ansatte og indlagte. Og dels kollektivt – på arbejdsklimaet som helhed. Det må være en forudsætning for hele udsmykningen, at der finder en sådan påvirkning sted. For hvis kunst slet ikke virker på omgivelserne, hverken positivt eller negativt, tjener den ikke noget formål. Så er den kun at betragte som markedets dyreste løsning på et dekorativt tapet.

Kunst er et tilbud til sine omgivelser, og derfor skal der helst opstå en dialog mellem kunsten og de mennesker, der færdes på den arbejdsplads, hvor den findes. Det siger sig selv, at dialogen helst skal udvikle sig positivt. Det må ikke være sådan, at et stykke kunst – eller en hel ophængning – bliver ved med at provokere og genere ud over enhver rimelig tidsbegrænsning. Derimod gør det ikke noget, hvis et værk en kort overgang virker forstyrrende, måske ligefrem irriterende. Da det er rigtig samtidskunst, der hænger på Amtssygehusets vægge, kan man ikke altid forvente publikums kærlighed ved første øjekast, og der kan heller ikke undgå at være visse startvanskeligheder set i forhold til personalets kunstneriske tolerance. Moderne kunst kan være ganske udfordrende. Det er derfor, at vi kalder den både for "moderne" og for "'kunst'". Hvis kunst både er moderne – og væsentlig, vil den altid fortælle os noget, som vi ikke vidste i forvejen, noget, som vi måske slet ikke ville forbinde med et kunstnerisk udsagn. Hvis vi reagerer stærkt på et særligt værk, kan det være et tegn på, at det rummer et indhold, som ikke allerede er gentaget til ulidelighed så mange gange, at det er blevet til en kliché. Derfor må den utrænede kunstbetragter lige have tid til at sunde sig. Det har han eller hun særligt gode forudsætninger for at gøre på et sted, hvor man undertiden må vente og se tiden an. Og dermed også se kunsten an.

De mange hensyn

I forsøgene på at bringe mennesker og kunst sammen på Amtssygehuset har der kun været få sådanne "startvanskeligheder". F.eks. gælder det den afdeling, hvor en række temmelig minimalistiske og forestillingsløse papircollager af Ellen Hyllemose har indtaget langvæggen. Først gradvis gik det op for de fleste, at ophængningen havde særlige kvaliteter. Mange mennesker mangler umiddelbart fortrolighed med så enkelt et udtryk, lavet med så jævne og billige materialer, og forventer måske, at kunst skal være noget ophøjet og forfinet. Måske savner de forståelse for, at kunst, lavet af materialer, som man kan finde i en hver papirforretning, kan rumme en særlig sandhed og umiddelbarhed. Man kunne sagtens forestille sig, at de både figurative og farvestærke oliebilleder af Bentemarie Kjeldbæk eller de næsten filmiske malerier af Anders Moseholm har været nemmere at godtage end f.eks. de strengt skematiske billeder af Poul Pedersen, også kaldet Bogstav-Poul. Men hvis der er tale om kunst af kvalitet, indfinder tolerancen sig helt af sig selv, og på sigt er der ingen tvivl om, at tolerancen vil forvandles til tilfredshed og glæde. Det har en oplagt begrundelse.

Kaspar Bonnén. U.T.
Olie på lærred, 115 x 115 cm, 2002.

I dette maleri er der intet genkendeligt rum, men et netværk af abstrakte former med enkelte genkendelige former, ansigter, hænder, skyskrabere; den anatomikyndige finder et par æggestokke, fantasien kan få lov at udfolde sig. Kunstneren binder os ikke til en speciel virkelighedsopfattelse, vi er frie til at digte og drømme om en anden virkelighed.

De to malerier af Kasper Bonnén hænger side om side på reposen ud for to medicinske sengeafdelinger. Man har dem umiddelbart for øjet, når man kommer op ad trappen efter at være kommet gennem en lidt rå og ucharmerende indgang.

Der er mulighed for spontant at glæde sig over billederne, før man haster videre, og patienterne, som ofte vil have alt for god tid, har mulighed for at motionere ud for i længere tid at undres og falde i tanker foran kunsten

Kasper Bonnén er født 1968, blev uddannet på Akademiet i København 1993-99 og har lige siden dengang udstillet på gode gallerier og blev hurtigt vist på vore bedste kunstmuseer. I 2001 udstillede han på DCA Gallery i New York. I det smukke katalog herfra finder man det ene af vore to malerier.

Overlæge Ib Hessov har som formand for kunstudvalget ikke købt ind for at ville behage så mange som muligt. Med lidt andre ord har Hessov ikke handlet, som bestyrelser for firmakunstforeninger gerne gør det. For når sådanne bestyrelser køber ind for andre – og til andre – skal der gerne være lidt for enhver smag. De medlemmer, hvis numre udtrækkes som vindere, skal jo helst kunne gå hjem med noget, som de og deres eventuelle ægtefæller straks har lyst til at hænge op. Og for at alle skal være glade, må der følgelig satses bredt. Nogle interesserer sig meget for ung kunst og synes til gengæld, at ældre kunst er kedelig. Andre har det lige omvendt og foretrækker naturalistiske malerier, hvor man altid kan se, hvad der er op og ned. Andre er ikke så kræsne med, om et billede nu også forestiller noget, de kender. Blot farverne er stærke og harmoniske, rene og stimulerende som hos John Kørner, Tal R eller Poul Gernes. Andre igen kan bedst lide små billeder, som udstråler diskretion og intimitet, som f.eks. Harald Leths malerier, som har fået sin egen separate placering på sygehuset. Med andre ord: Man må tage mange hensyn, hvis man skal købe ind til andre. I værste fald kan man fare vild i alle disse hensyn til brugere, hvis behov man ikke har de fjerneste forudsætninger for at kende, men kun kan gætte sig til. Men det er ikke sket på Amtssygehuset.

Hvis man skal købe ind med hjertet, dvs. både dristigt, engageret og motiveret, kan man næppe købe ind til andre end sig selv. Også selv om man i realiteten køber ind til andre. Det er derfor, at private samlinger af kunst kan have et overraskende højt kvalitetsniveau sammenlignet med endda mange offentlige samlinger, som oven i

købet kan råde over flere indkøbsmidler. Privatsamleren køber ikke ind for at adlyde en eller anden højere kunsthistorisk kanon af muligheder. Købene skal ikke være repræsentative for andre end hans egen dømmekraft. Han køber ikke noget, fordi han tror eller bare håber, at andre vil kunne lide det, han nu køber. Han køber ind, måske fordi han har opdaget et hul i sin egen samling, eller måske fordi han føler tilskyndelsen til at foretage en særlig erhvervelse. Hvis der er noget, han har lyst til at eje, behøver han ikke legitimere sit indkøb yderligere. Han kan bare handle.

Det er mit indtryk, at Ib Hessov som primus motor har købt ind, som om han købte ind til en samling, som skulle omgive og glæde ham i det daglige. En fast sum på 100.000 kr. til indkøb af kunst fik sygehusets indkøbsudvalg først fra og med 1994. Tidligere, fra 1985 til 1994, måtte indkøbsudvalget leve med det handicap, at der ikke engang fandtes en rådighedssum til kunstnerisk udsmykning. Der var i hovedsagen kun en startpulje.

Men et sådant handicap kan i de rigtige hænder også være en styrke, eftersom det gør køberens muligheder mere overskuelige. Måske har der i mange tilfælde ikke været så meget at vælge imellem, hvis man også skulle tilgodese hensynet til kvalitet. Under alle omstændigheder: den, der har købt ind til Amtssygehuset i Århus, har i det store hele haft øjne for det, som er noget, men som ikke nødvendigvis koster noget.

Et af kunstlivets paradokser er, at den væsentligste kunst først gradvis også bliver den dyreste. Hvis man følger godt med og er hurtigt ude, kan man for små midler gøre gode erhvervelser inden for sin egen tids kunst. Det

Lars Nørgaard.
Olie på lærred, 180 x 120 cm, 2001.

På en trappeafsats møder den besøgende dette charmerende, næsten non figurative, maleri malet godt ti år efter vort store maleri fra 1990 (side 103)og næste 20 år efter vort første maleri af samme maler (Gaby robbed, 1983, side 8). De tre malerier er typiske eksempler fra de tre perioder, hvor han har malet nonfigurativt. Forskellene er markante og udviklingen er spændende at følge. To forhold går tydeligt igen i alle tre billeder (og i de figurative fra skadestuen side 23 og 25): Lars Nørgaards flotte brug af farven og den overbevisende komposition.

kræver blot modet til at handle, i ordets bogstavelige forstand. Det store maleri af Tal R., som blev erhvervet for fem år siden til Amtssygehuset i Århus og nu hænger i kantinens forhal, er ikke bare et godt køb. Det er et scoop. For Tal R. har i den mellemliggende periode gjort karriere og er i dag et stort navn i f.eks. Brasilien. Og erhvervelserne af Lars Nørgaard og John Kørner beviser, at man tidligt har haft øje på kunstnere, som i dag eftertragtes af de danske kunstmuseer.

Sundt for øjet?

"Kunst er sundt at se på" står der skrevet, meget lovende, på et skilt ud for et københavnsk galleri. Hvis lidt farveglad gallerikunst hjælper på helbredet, tør man næsten ikke tænke på, hvad f.eks. det nye ARoS Aarhus Kunstmuseum kan betyde for folkesundheden vest for Storebælt. Holder tesen, bør kunst være obligatorisk alle steder i sundhedssektoren (og ikke kun i tandlægens venteværelse, hvor den næsten altid antræffes).

Klinisk set er der dog endnu tale om en påstand. Mig bekendt foreligger der endnu ingen videnskabelige undersøgelser over kunstens eventuelt sygdomsforebyggende virkninger i vores kulturkreds. Det er jo heller ikke alle, der demonstrerer den samme grad af spontan befrielse eller glæde, når de konfronteres med et stykke moderne kunst. På den anden side kan der ikke være tvivl om, at mange anser netop kunst for at være en gave til deres nærmeste omgivelser, noget, som de nødigt ville være foruden, og det hvad enten vi taler om hjemmet, arbejdspladsen eller noget helt tredje. Som f.eks. et sygehus. Man har i hvert fald ikke svært ved at tro på, at oplevelsen af et kunstværk er langt mere stimulerende for en patient end udsigten til en bar væg. Bare vægge appellerer ikke til nysgerrigheden. De sætter ingen tanker igang. De skaber ingen reaktioner og dermed ingen dialog.

Det er netop den situation, som Amtssygehuset i Århus ville have været i i dag, hvis de seneste 18 års kunstkøb ikke var blevet foretaget. Så ville der ikke have været noget, der kunne bryde og modvirke monotonien. Selv målt ud fra de mindst overbevisende erhvervelser, som sygehuset har gjort, er man ikke noget sted kommet i den situation, at alternativet: en nulløsning, ville være at foretrække. Kunst er sundt. Hvis man bruger øjnene og giver den en chance.

Amtssygehuset i Århus er ikke i den heldige situation, som Amtssygehuset i Herlev var imod slutningen af 1960'erne, da bygherren og arkitekterne besluttede sig for at sluse Paul Gernes' mægtige udsmykningsprogram ind i en byggeproces, som netop var gået i gang. Når vi taler om polykrome udsmykninger af moderne hospitaler, er den totale og monumentale løsning i Herlev stadig den kunstneriske løsning, som jeg finder optimal. Den ikke kun stimulerer øjet – og sindet – den er også funktionel på alle niveauer. Men det er samtidig klart, at en så gigantisk og integreret udsmykning kræver en hel anden kommunalpolitisk vilje, nogle helt andre økonomiske rammer og en hel anden situation.

Hvis hospitalet allerede står der, og oven i købet har stået der længe, og man får behov for at omgive sig med andet end tomme vægge, og midlerne er begrænsede, er der ikke andre løsninger end den, som nu er blevet sat i gang på Amtssygehuset i Århus. Det er der kommet en moderne kunstsamling ud af, som alle involverede har ære af. At sygehusets patienter også vil få glæde af den, som en varieret og stimulerende indføring til den moderne dansk kunst, er der slet ingen tvivl om. Det er ikke kun en kunstsamling, der er kommet for at blive. Det er også en samling, der er kommet for at vokse.

Spend (slightly) less on health and more on the arts

Health would probably be improved

When power leads man toward arrogance, poetry reminds him of his limitations. When power narrows the areas of man's concern, poetry reminds him of the richness and diversity of his experience. When power corrupts, poetry cleanses. For art establishes the basic human truths which must serve as the touchstones of our judgement. The artist ... faithful to his personal vision of reality, becomes the last champion of the individual mind and sensibility against an intrusive society and an offensive state.

John F Kennedy

The British government spends about £50 billion a year on health care and £300 million supporting the arts. My contention is that diverting 0.5% of the healthcare budget to the arts would improve the health of people in Britain. Such a move would of course be highly unpopular. When asked whether a tax financed increase in spending on health would be good for the country as a whole, 74% say yes.[1] Only 7% say yes for increased spending on culture and the arts.

The first problem with advancing such an unpopular argument is to define health. It must be more than "the absence of disease," despite that being the working definition used by misnamed health services. Such a definition is inadequate not only because of its narrowness and negativity but also because "disease" itself is so hard to define.[2] The World Health Organization's definition of health as complete physical, mental, and social wellbeing understandably causes raised eyebrows. Human health can be nothing to do with perfection. Humans are highly imperfect creatures. But the WHO definition does acknowledge that there is more to health than physical completeness and an absence of pain. Indeed, the physical aspects of health may be the least important. Is it possible to be severely disabled, in pain, close to death, and in some sense "healthy"? I believe it is. Health has to do with adaptation and acceptance. We will all be sick, suffer loss and hurt, and die. Health is not to do with avoiding these givens but with accepting them, even making sense of them. The central task of life, believed people in medieval times, is to prepare for death.

The case for spending slightly less on health care is the easy part of this argument. Most businesses (and I use the word in the broadest sense, to include organisations not concerned with profit) can save 1% of costs through increasing efficiency and be leaner and more effective afterwards. Britain's health service is widely agreed, however, to have inadequate capacity and to have suffered severely in the past from "efficiency savings." But true improvements in efficiency come not from doing the same things more quickly or at lower cost but from doing things very differently. Many industries have reinvented themselves, but "the health industry" has not—as yet. The car industry, for example, moved from long production lines, huge inventories, and vast stores of completed cars to different ways of organising production lines, "just in time" delivery of parts, and making cars to order that were delivered as soon as made. Such improvements do often depend on investment, and radical improvements in health efficiency could flow from investment in information technology—because health care is a "knowledge business."

Brug en anelse mindre på sundhedsbudgettet (hør ramaskriget) og mere på kunsten – og sand sundhed vil da blive forbedret. Det var overskriften på og konklusionen i en artikel bragt i et af verdens mest anerkendte medicinske tidsskrifter, *British Medical Journal* i julen 2002. Artiklen var skrevet af bladets chefredaktør gennem mange år, Richard Smith. En provokerende og lovende overskrift, og forfatterens tænksomme og litterære diskussion giver god dækning for konklusionen – synes undertegnede. Richard Smith havde ingen betænkelighed ved at tillade en gengivelse her. God fornøjelse med læsningen.

P.S. I 2003 var den danske stats samlede sundhedsudgifter 79,6 milliarder kroner (Statistisk Årbog 2004) og samme år var de samlede offentlige udgifter til kulturen 3.3 milliarder (teater, musik, litteratur, film, arkitektur og billedkunst) (Kulturpengene 2003). Her var teater og musik de store poster, mens udgifterne til billedkunst udgjorde 128 millioner kroner.

The biggest savings will come not from efficiency but from reconsidering what is done. Every country in the developing world is increasing its expenditure on health care in what the *BMJ* earlier this year called "an unwinnable battle against death, pain, and sickness."[3] More and more of life's processes and difficulties—birth, death, sexuality, ageing, unhappiness, tiredness, loneliness, perceived imperfections in our bodies—are being medicalised. Medicine cannot solve these problems. It can sometimes help—but often at a substantial cost. People become patients. Stigma proliferates. Large sums are spent. The treatments may be poisonous and disfiguring. Worst of all, people are diverted from what may be much better ways to adjust to their problems.

This may be where the arts can help. The arts don't solve problems. Books or films may allow you temporarily to forget your pain, but great books or films (let's call them art) will ultimately teach you something useful about your pain. "Art is a vice, a pastime which differs from some of the most pleasant vices and pastimes by consolidating the organs which it exercises," said Walter Sickert (and how interesting that he should use a nearly medical metaphor). If health is about adaptation, understanding, and acceptance, then the arts may be more potent than anything that medicine has to offer. George Bernard Shaw, who ridiculed doctors in *The Doctor's Dilemma*, said that "the only possible teacher except torture is fine art." "The object of art is to give life a shape," said Jean Anouilh.

Simon Rattle, a Briton who has left Britain to become chief conductor of the Berlin Philharmonic, one of the world's top positions in the arts, was asked why he left Britain for Germany.[4] "There is something," he answered, "about being in a place where the arts are essential, even to politicians. No civilised politician in Germany does anything except support the arts. It is simply a mark of intelligence there, just as it should be. It's deeply embedded. Not a luxury. It's understood as something everybody should have." Rattle is leading two musical projects in Berlin that reach out to marginalised teenagers, including heroin addicts. These are groups whom medicine largely fails. "Everybody in the arts [in Britain]," continued Rattle, "spends too much time trying to survive. It's endless cycles of crisis management. The arts need help and money, but most of all the arts need respect. And it's all a question of political will."

The pain of being human, says Jonathan Franzen in his brilliant book *The Corrections*, is that "the finite and specific animal body of this species contains a brain capable of conceiving the infinite and wishing to be infinite itself." Death, "the enforcer of finitude," becomes the "only plausible portal to the infinite."[5] We do want some sort of contact with the infinite, and for most people in contemporary Britain this is more likely to be achieved through an artistic experience such as listening to a Bach partita than it is through religion. "Is it not strange," asked Shakespeare, "that sheeps' guts should hale souls out of their bodies?" The arts do fill some of the space once filled by religion—which is why modern "cathedrals" like the Tate Modern teem with visitors.

Even if we cannot agree on an operational definition of health, most of us would probably choose a broad definition that includes something spiritual rather than a narrow physiological definition. We might thus all agree, on reflection, to shift some of the huge health budget to the impoverished arts budget. True health could then be improved.

Richard Smith *editor, BMJ*

Competing interests: The BMJ Publishing Group, of which RS is the chief executive, benefits from the health budget but is highly unlikely ever to benefit from the arts budget.

1   Brook L, Hal J, Preston I. Public spending and taxation. In: Jowell R, Curtice J, Park A, Brook L, Thomson K, eds. *British social attitudes. The 13th report*. Aldershot: Dartmouth, 1996.
2   Smith R. In search of "non-disease." *BMJ* 2002;324:883-5.
3   Moynihan R, Smith R. Too much medicine? *BMJ* 2002;324:859-60.
4   Kettle M. My crazy plan. *Guardian* 2002 August 30. www.guardian.co.uk/arts/fridayreview/story/0,12102,782379,00.html (accessed 13 Dec 2002).
5   Franzen J. *The corrections*. London: Fourth Estate, 2001.

BMJ 2002: 325:1432-33

Fri os fra det ligegyldige
- giv os den gode kunst!

Overlæge og kunstelsker Ib Hessov interviewet af kommunikationschef Bjarne Bækgaard

En yngre kunstner, Lars Bent Pedersen har sagt om kunst i det offentlige rum, at han bestemt ikke har lyst til at møde en eller anden uforståelig kunstdims på sin vej hen i Irma for at købe kartofler. Hører kunst overhovedet til i det offentlige rum?

Jeg mener slet ikke, at man kan undvære kunst i det offentlige rum. Det indbefatter for mig at se også f.eks. institutioner som folketinget, kommunekontoret og syge-huset.

Det offentlige rum er jo vores alles rum. Skal vi alle så også være med til at bestemme, hvilken kunst der skal placeres derude?

Det er det svære spørgsmål, men også det helt afgøren-de spørgsmål. For dem, der skal bestemme, skal vide noget om kunst; de skal have sat sig ind i kunstens væsen. Og så skal de, selv om det er et meget stort ord, brænde for kun-sten. Det farlige i spørgsmålet om kunst i det offentlige rum er, at ligesom man har en mening om, hvor et cykel-skur skal placeres på en arbejdsplads, så mener alle, at de ved noget om kunsten – og derfor vil alle gerne være med til at bestemme. Men hvis ikke det bliver nogle, som ved noget om kunst, der kommer til at bestemme om kunsten i det offentlige rum, så risikerer man at få alle mulige me-ninger repræsenteret og også fra dem, som ikke beskæfti-ger sig med eller ser regelmæssigt på kunst. Risikoen der-ved er, at man ender med at få en meget lav fællesnævner og dermed at få dårlig kunst anbragt i det offentlige rum. Det er det, som ikke må ske.

Vil det sige, at det i virkeligheden er fagfolk, der skal afgøre, hvilken kunst der skal placeres i det offentlige rum? – ligesom det f.eks. er en læge, som skal stille diagnosen på en patient, fordi det er det, han som læge er uddannet til?

Nu er det sværere med kunst at bestemme, hvad der er god kunst, end hvad der er et godt kirurgisk indgreb eller den bedste medicinske behandling af en specifik sygdom. Det sidste kan afprøves i kontrollerede kliniske under-søgelser og diskuteres ud fra objektive kriterier. Det kan man ikke med kunsten, og da slet ikke med den allernye-ste. Derfor tror jeg ikke, at man alene skal forlade sig på deciderede fagfolk, det vil sige f.eks. kunsthistorikere, når der skal vælges kunst. Går vi tilbage i historien og ser på fagfolk, der har samlet til museer, og samtidig ser på hvad entusiastiske amatører har samlet til store kunstsamlinger af privat karakter uden vejledning fra fagfolk, så vil man ofte finde, at det bliver mere spændende og fremadrettet i private samlinger, end det er i de offentlige samlinger. Jeg tror, at man må give lidt mere fri, når det drejer sig om kunst i det offentlige rum. Det skal ikke alene være uddannede kunsthistorikere, der skal bestemme inden for det område.

Udvælgelsens kunst

Men kunne man forestille sig, at man inddrager en faguddannet person i f.eks. det udvalg, som skal udvælge kunst til offentlige rum; både når det gælder indkøb af kunst-værker og udvælgelse af egentlige udsmykningsopgaver?

Det kunne man sagtens forestille sig. Sådan har vi dog ikke gjort på Århus Amtssygehus. Her har vi været en lille flok entusiastiske amatører med stor kærlighed til kun-sten, som har købt ind. Jeg kender personligt flere eksem-pler på utroligt fine kunstindkøb til en arbejdsplads fore-taget af ikke fagkyndige.

Gamle Ejnar Madsen fra Silkeborg, som købte ind til Jyske Bank er et godt eksempel. Han havde direktøren for Jyske Banks tillid og var den som i en lang årrække pegede på og udvalgte den kunst, man med stor frimodighed køb-te til banken. Det kom der en pragtfuld samling ud af. For Ejnar Madsen var med på noderne hele tiden. Han gik ud til de unge på de gode gallerier, hvor de præsenterede nytænkende kunst, han kom på alle spændende udstillinger, og han købte flot ind. Og han gjorde det uden at have nogen uddannelse inden for kunstens verden.

Men der er vel også mange eksempler på folk med stor kærlighed til kunsten, men uden megen indsigt i den, der har indkøbt kunst, som du og jeg bestemt ikke vil betegne som kvalitetskunst.

Ja, det er der, og det er heller ikke nok med kærlighed til kunsten. Kærligheden skal dyrkes, man skal have masser af den, man skal se meget på kunst – og så må der være plads til fejlkøb. Omvendt er jeg stærkt betænkelig ved den måde, hvorpå amter og kommuner kan sammensætte de udvalg, der indkøber kunst ofte for store beløb. Det er ofte politisk valgte personer, der kun sjældent ser på kunst, måske kun de få gange om året, hvor de går ud og køber ind i fællesskab, de ses sjældent på landets gode gallerier. Det er for mig at se det værste scenarium, fordi de pågældende ikke ser tilstrækkelig meget kunst til at kunne se, hvad der er godt, og hvad der er skidt. Og fordi de ikke ved, hvor man kan købe den gode kunst – de ser ganske enkelt ikke nok til at kunne vurdere det. Den, der har kærlighed til kunsten, og som ser masser af den, må man derimod give friheden til at kunne vælge forkert ind i mellem.

Ingen demokrati her

Det er mit indtryk, at kunstsamlingen på Århus Amtssygehus ikke er resultatet af en demokratisk proces. At vælge kunst til det offentlige rum, et sygehus f.eks., bør det være en demokratisk proces?

Jeg tror aldrig, at det kan blive en demokratisk proces. Jo, en demokratisk proces i et lille udvalg på tre medlemmer, hvor de alle interesserer sig for kunst. Men ikke en demokratisk proces, hvis den indebærer at indkalde den enkelte afdeling til en snak og en afstemning om, hvad der skal hænges op. Den slags demokrati tror jeg ikke på i forbindelse med kunstindkøb.

Frygter du, at resultatet ville være, at den indkøbte kunst vilel være et produkt af laveste fællesnævner, og dermed ikke højeste kvalitet?

Jeg frygter, at man vil være bange for at vælge den gode kunst, forstået som den kunst som ikke er ligegyldig kunst, og som ikke nødvendigvis er pæn. Når jeg går rundt og hører om ønskerne på den enkelte afdeling på sygehuset, så lyder det ofte 'vi vil gerne have pæn kunst og hyggelig kunst, og noget i glade farver'. Jeg kunne godt være bange

for, at hvis alle skal bestemme, så bliver det den slags kunst, man får, og ikke noget der udfordrer patienten og den ansatte i dagligdagen på en anden måde. For mig er det altafgørende, at den valgte kunst bliver af god kvalitet. Ikke mindst fordi de mennesker, vi udsætter for den kunst, ikke selv har bedt om at blive udsat for den. Det faktum stiller endnu større krav til kunstens kvalitet.

Hvilke reaktioner har I mødt på den kvalitetskunst, I har indkøbt til afdelingerne?

Heldigvis har den oftest været positiv, og det mest positive, man kan høre, er, når patienter efter et sygehusophold spontant fortæller om det "anderledes sygehus", hvor kunsten giver mulighed for uventede oplevelser. Således har jeg så godt som udelukkende hørt positive udsagn fra patienter og deres pårørende, mens personalets kommentarer er meget forskelligartede. En reaktion i den kritiske gade er, "jamen, det er jo ikke kunst!" Pudsigt nok har kunst, som jeg troede var det mest lette og umiddelbart tilgængelige, overraskende nok givet de stærkeste reaktioner fra personalet. Lad mig nævne to eksempler: Det ene var, da det lykkedes os at få en pragtfuld serie malerier af Poul Gernes. Seks konkrete farverige billeder, som blev ophængt på en hæmatologisk afdeling. Det er simple billeder, farverige og dekorative, men alligevel har de mødt modstand. "Er det kunst?" "Jamen det er jo bare nogle cirkler på en masonitplade, malet med rene farver ...", lød et par af reaktionerne. Billederne har nu hængt på afdelingen i mange år, men jeg møder stadig de samme reaktioner afdelingen. Det undrer mig.

Det eksempel er vel også paradoksalt, fordi netop Poul Gernes tænkte på folks ve og vel og ønskede kunsten ud til folket.

Ja, og han er en af dem, der har gjort det flottest i offentlige institutioner. Også derfor undrer reaktionen mig. Forklaringen kan måske komme efter næste eksempel, nemlig den serie på syv billeder som vi købte i 2002 af Ellen Hyllemose. Serien var ophængt meget flot på Aarhus Kunstmuseums udstilling "Take off". Det er papirklip sat op med forskelligfarvede tegnestifter, indrammet i store flotte farverige rammer. Som de syv billeder hænger ned ad gangen på en sengeafdeling, er de en ren farvesymfoni. Desuden er de morsomme og anderledes, der er noget at gå på oplevelse i. Det syntes man bestemt ikke på den afdeling, der fik serien. De var i oprør over noget, som jeg og de øvrige i kunstudvalget syntes var umiddelbart smukt, og det forstod vi ikke.

Lars Nørgaard.
Olie på lærred, 270 x 325 cm, 1990.

Som det kan fornemmes fra fotoet, var det et nøgent og ellers ugæstfrit forrum til en trappeopgang, der blev vært for dette farverige, ekspressive kæmpemaleri. Da vi i 1999 fik mulighed for at erhverve maleriet for den favorable pris af 50.000 kroner, ledte vi efter den optimale plads for en god ophængning. Vi måtte konstatere, at vort sygehus var så rationelt og funktionelt indrettet uden "spildplads", at vi ikke havde rum, hvor dette billede kunne få luft omkring sig, men vi var enige om, at dette maleri ville vi have. Løsningen blev den store væg i det lille forrum, og

den viste sig ikke at være så dårlig. Der går rigtig mange patienter, besøgende og ansatte forbi hver dag. Trådt ind ad døren kan man ikke andet end at fornemme, at der her sker noget usædvanligt, og når man igen forlader denne del af sygehuset og kommer ned ad trappen fra sengeafdelingerne, breder maleriet sig ud foran en, som vist på fotoet. Det må gøre et vist indtryk – og give udtryk for en anden holdning end en nøgen væg.
Maleriet er typisk for Lars Nørgaards næsten nonfigurative malemåde i nogle få år omkring 1990.

Dialogen er vigtig

Hvordan har du/I mødt kritikken fra personalet? – ved at gå ind i en dialog, og har den dialog i givet fald været tilstrækkelig omfattende? Hvor væsentlig anser du i det hele taget den dialog for at være, når man taler f.eks. om kunst på sygehuset?

Når jeg nu sidder her med min gustne eftertanke, så kan jeg godt se, at vi har gjort alt for lidt ud af den dialog. De omtalte billeder blev hængt op, efter at vi havde nævnt for overlægen på afdelingen, at vi havde nogle gode billeder, og at de så sådan ud, vil du have dem? Ja, tak sagde han. Det var den dialog, der var forud for ophængningen. Set i det lys kan jeg i tilbageblikket godt forstå reaktionen fra personalet. Jeg er så gået ind i dialogen for sent, og jeg har ikke taget dialogen med hele personalet, men i højere grad med enkeltpersoner eller med en femseks stykker over en kop kaffe på afdelingen. De var relativt ophidsede dengang. "Det kunne vore børn lige så godt have lavet". "Det ville vi aldrig have haft, hvis vi selv kunne bestemme!" Jeg forsøgte mig med at fortælle, at noget af det smukkeste kunst for mig er, da Matisse begyndte at klippe-klistre og lave papirklip. Men der var ikke noget at gøre. Reaktionen var så stærk i afdelingen, at en af sygeplejerskerne spontant udbrød "Jamen, jeg bryder mig heller ikke om Matisses papirklip!" Og så begynder det at blive vanskeligt. Også selv om der nok var tale om en psykologisk reaktion fra den pågældende, fordi hun følte, at der var trukket noget ned over hovedet på hende og afdelingen, som de ikke brød sig om.

Hvordan kan man forbedre den dialog, hvis du skal give et godt råd videre til kolleger på andre sygehuse, andre udvalg, der vælger kunst?

Vi skal i alt fald lære at forberede den afdeling, der får kunsten, bedre på, hvad det er for noget, de får, og måske fortælle noget om det på forhånd. Noget andet er så, at når vi med en begrænset økonomisk mulighed skal ud for at købe kunst, får gode tilbud, eller ser gode billeder på en udstilling, så må vi slå til. Vi kan jo ikke begynde at diskutere med en afdeling eller et sygehus på forhånd, om det pågældende er noget, de ønsker? Vi bliver nødt til at slå til, når chancen er der for et godt køb. Efterfølgende må vi så gustent forberede os på, hvordan vi skal få personalet til at acceptere og helst glæde sig over det indkøbte. Men jeg må understrege, at udgangspunktet jo altid er, at vi er gået efter at købe det bedste hver gang.

Kunst og smag

Kan man helt udelukke begrebet smag, når man taler om udvælgelse af kunst til et sygehus?

Med andre ord: Findes der rent objektive kriterier for udvælgelse af kunst, eller er udvælgelsen også baseret på smag?

Den personlige smag kommer umiddelbart til at præge både den kunstglade amatør og kunsthistorikeren, der køber til et museum. Jeg tror ikke, man kan undgå den personlige smag. Men må jeg prøve at formulere spørgsmålet på en anden måde? Jeg husker en gang, at den gode galleriejer Nikolai Wallner i København blev spurgt om, hvad god kunst var for noget. Han svarede: "Det er svært; det er meget lettere at sige, hvad der er dårlig kunst". Han har ret, for noget af det væsentligste i udvælgelsen er, at man undgår at vælge dårlig kunst. Når den så er valgt fra, jamen så er der også en masse faldgruber, for det er meget svært at sige, hvad der er den gode kunst, og det er let at tage fejl. Men jeg synes, at man, når man er ansvarlig for køb af kunst til en offentlig institution, skal lade mange muligheder stå åbne, således at det ikke bare er én smagsretning, der kommer til at dominere. Det ville også være utrolig kedeligt, men det gælder om at undgå det dårlige. Hvordan undgår man så det dårlige? Det tror jeg, man gør ved at sætte de folk til at købe ind, som er vant til at se på kunst. For har man set på kunst flere gange om ugen i mange år, så får man automatisk efterhånden en evne til at se, hvad der ikke er godt. Jeg kan ikke sige, hvad det kommer af, men jeg tror det gælder alle, der interesserer sig for kunst, at de har den evne til at sige "det der, det er ikke godt". Det er måske den vigtigste forskel på dem, der ser på megen kunst, og dem der kun ser på kunst en gang imellem.

Hvilken form for kunst skal der købes til et sygehus?

Mange former for kunst. Igen bliver det lettere at sige, hvad der ikke skal købes, nemlig den dårlige og ligegyldige kunst. Hvis jeg skulle vælge efter, hvad der blev sagt, og jeg skulle lade 100 mennesker komme til orde på sygehuset, så blev det til pæn kunst og glade farver. Men det er jo ikke det, der skal være kriteriet. Jeg tror, at der kun er meget få ting, som man skal fravælge, bare det er godt. Lad os tage erotik som eksempel. Hvorfor skulle man ikke kunne hænge kunst, der indeholder kærlighed og erotik, op på et sygehus? – det er jo trods alt temaer, der går igennem i hele kunsthistorien. Selvfølgelig skal der ikke ophænges pornografi eller stærk erotisk kunst. Vi vil heller ikke købe billeder, som råt og utilsløret skildrer død og forgængelighed, det er for provokerende og for hårdt i et miljø som et sygehus.

Oplivende kunst

Men den kunst, der skal hænges op, skal det være oplivende kunst?

Nej, det skal det ikke. Jeg tror ikke, at oplivende kunst hjælper på en patient i krise eller på en syg, der har svære problemer med sit liv. Jeg tror, at det er at smøre sukker på maden. Den form for kunst kan faktisk være med til at dølge de problemer, der i virkeligheden er. Moderne sygehusbehandling går også ud på, at man taler med sine patienter om eksistentielle ting: Om det der betyder noget her i livet, og om hvor det kan blive hårdt i fremtiden med den sygdom, vedkommende har osv. Der skal man se livet i øjnene, og det gør man ikke ved at se på kunst, der smører fernis hen over problemerne.

Lægen og det øvrige sygehuspersonale må ikke være berøringsangste over for at tage fat om dialogen om de forhold, hvor livet både er godt og skidt og gør ondt og skaber glæde. På linje dermed så skal den kunst, man har på sygehuset, vel også forholde sig til såvel de lyse som de mørke sider af eksistensen?

Det synes, jeg er godt formuleret.

Du har talt om, at man på sygehuset skal se livet i øjnene, både når man er dårlig, og når man ikke er dårlig. Kan man sige, at kunsten på samme måde ser livet i øjnene – på godt og ondt?

Det gør kunsten også. Men kunsten kan måske først og fremmest være en inspiration til at komme videre og se, at der er andre aspekter i livet end dem, der lige præcis nu er påtrængende for den enkelte. Det er måske den allerstørste betydning, god kunst kan have: at åbne vore øjne for, at der er andet og mere end selv nok så alvorlige problemer, man går og slås med. Det er den (meget) alvorlige side af kunsten. Men kunsten har jo mange andre missioner, som f.eks. at tvinge nogle tanker væk og give plads til et tomrum i tankerne. Eller kunsten kan give anledning til diskussion med andre mennesker og dermed være formidler af en kontakt, som man behøver som patient, fordi man ikke skal gå med sine egne tanker hele tiden. Eller kunsten kan være til inspiration for de ansatte til at tænke anderledes. Der er altså utrolig mange ting, som god kunst kan gøre, ud over at smykke.

Har du oplevet nogle af de gavnlige effekter hos personale og patienter, som du taler om i forbindelse med den kunst, som du har været primus motor for at skaffe til Århus Amtssygehus?

Jeg har hørt det direkte fra patienter, der siger det med ord, f.eks. i patientsamtaler, hvor vi har siddet under et billede. Der har jeg oplevet, at man umiddelbart har ladet sig inspirere af billedet eller er blevet påvirket af det i den samtale, der er ført mellem den syge og mig. Så ja, jeg har oplevet det, selv om det ikke er sket særlig ofte.

Formidler af samtale

Så kunsten på sygehuset kan godt være en formidler af en dybdegående samtale?

Det er trods alt sjældent, at det sker så direkte. Måske er det meget mere væsentligt i den store sammenhæng at spørge: Hvad er alternativet til kunst? Det alternativ ser vi f.eks. i moderne sygehusbyggeri med de nøgterne, rationelt, klinisk hvidt indrettede afdelinger, der udelukkende giver rum for kontant snak om sygdom og helbredelse og intet andet. Kunsten derimod er med til at forme rummet mellem patienten, sygeplejersken og lægen, så oplevelsen bliver mere menneskelig. Den gode kunst påvirker sine omgivelser, inklusive menneskene i omgivelserne. I forholdet mellem den syge og os som sygehuspersonale tror jeg, det påvirker den måde, vi taler med hinanden på. Jeg husker et interview, jeg læste, med kunstmuseet Louisianas direktør Poul Erik Tøjner, der sagde: "Meget af det, jeg savner i det offentlige rum, er kvalitet; altså ikke bare kvalitet i rummet og i billederne, men også i samkvemmet og samtalen mellem menneskene". Overført på et sygehus med ensartede, nøgne og kliniske rum, så vil det da påvirke samtalen mellem personalet og patienten. Det er måske der, kunsten og det gode rum på sygehuset betyder allermest.

Det handler altså ikke alene om indkøb af kunstværker og/eller kunstneriske udsmykningsprojekter; det handler i virkeligheden om total-iscenesættelsen af hele sygehuset?

Ja, kunstprojekterne er bedst, når de omfatter en total iscenesættelse. Når vi har købt god og måske dyr kunst til en afdeling på sygehuset, så smitter det i stadig højere grad af på omgivelserne. I dag vil vi f.eks. stille krav om, at væggene males, at der skal nyt betræk på møblerne, at gardinerne skal friskes op – alt sammen for at skabe en helhed. Så har man pludselig et helt andet rum at være i og passere igennem. Kunsten kan på den måde være en anledning til, at man opdager den gamle afdelings gradvise fysiske forfald og får rettet op herpå. Det pudsige er, at hvis man hænger ligegyldig, pæn kunst op, så hænger der bare noget ligegyldigt. Men hvis man hænger god kunst op, så kræver det på en eller anden mærkelig måde både noget af dig som f.eks. læge, men også af rummet, tror jeg. Det har efter vores mening vist sig i praksis på Århus Amtssygehus, at det har gjort noget for rummene, at vi har placeret god kunst i dem.

Du taler om, at kunst skal være god, og at den ikke må være ligegyldig. Hvorfor er begrebet "ligegyldig kunst" så vigtigt for dig at gøre op med?

Lad mig give et eksempel: I en god sags tjeneste og formentlig også meget velmenende hyrede man i 1980'erne fra kommunal og amtslig side "arbejdsløse" kunstnere gennem otte måneders betalte jobtræningsperiode til at udsmykke det offentlige rum. Det blev brugt i stor udstrækning på blandt andet sygehuse. Det vil sige, at man på sygehusene fik stillet en kunstner til rådighed, lønnen var betalt, materialer blev betalt af det offentlige, og så fik kunstneren så godt som frie hænder til f.eks. at udsmykke nogle venteværelser eller en afdeling. Men det var jo kunstnere, som ikke kunne komme frem på egen hånd. Det var nogen, som ikke kunne komme ind på de gode gallerier eller udstillingssteder.

Det vil sige, at man risikerede, at det var folk, som ikke lavede god kunst. Det er der kommet megen dårlig udsmykning ud af på vore sygehuse, og det synes jeg er en stor skam. I mange tilfælde er det ligegyldigt, og i bedste tilfælde er det pænt. Men det er altså ikke nok. I dag tror jeg, at tingene har ændret sig på det her punkt; i det mindste på vores sygehus: den kunst, der ikke er god nok, bliver taget ned eller fjernet.

Vi talte om begrebet ligegyldig kunst. Kan den ligegyldige, pæne kunst efter din opfattelse ligefrem gøre skade, hvis man placerer den i det offentlige rum?

Jeg tror, at den indirekte kan gøre skade på et sygehus. Den ligegyldige kunst er med til at trække opmærksomheden væk fra de problemstillinger og de eksistentielle spørgsmål, som trænger sig på hos den syge; den slags billeder bidrager til at skjule for den enkelte, hvad der i virkeligheden er problemerne omkring ens egen eksistens, som den former sig i sygdomsperioden. Det kan vel være skadeligt for patienten. Poul Henningsen udtrykte det almen med disse ord: "Flugten fra virkeligheden gennem

den dårlige kunst. Væk fra alle sorger og problemer over i underholdningen, hvor tiden går, mens man drømmer og glemmer".

Poul Henningsen ønskede også at aflive dogmet om, at den dårlige kunst er portalen til den gode. Han har formuleret det ret håndfast: "Mon ikke den bitre sandhed er, at den dårlige kunst er en praktisk talt vandtæt forsikring mod nogensinde at komme i nærheden af den gode". PH mente, at alt det, vi bombarderes med af dårlig musik, muzak og "pæn" kunst, ikke har noget med virkeligheden at gøre – det er et idylliseret billede af virkeligheden. Vi kan lukke for fjernsynet, men vi kan jo ikke lukke ørene for muzak i restauranten eller i forretningen, og vi kan ikke lukke øjnene for "kunsten" i det offentlige rum. Hvis der er for meget ligegyldig, pæn og dårlig kunst omkring os, som vi er tvunget til at se på, kan det lægge niveauet for, hvad man selv synes er godt og skidt – og så har PH fået ret i sit pessimistiske udsagn.

Jeg talte en gang med den glimrende pianist Anne Øland om kvalitet i kunsten og spurgte, om en musiker som hun, der også ytrer sig i ord om musikken, har en forpligtelse overfor det offentlige til at fortælle, hvad der er god og hvad der er dårlig musik. Hendes svar var: "Ja, den der ved noget om kvaliteten i kunsten har en forpligtelse til at udbrede det". Jeg er enig. Også selv om vi dermed er tilbage ved noget så gammeldags som kunsten som opdragende faktor. Men hellere det end dårlig og ligegyldig kunst.

Efter min opfattelse har de, der hænger kunst op i det offentlige rum, en forpligtelse: De skal vælge den gode – og dermed også den langtidsholdbare – kunst.

Budget til kunsten

Du har citeret den engelske overlæge Richard Schmidt for at sige "brug mindre på sundhed, mere på kunst – det vil formentlig forbedre sundheden". Hvor stor en del af et sygehusbudget bør gå til kunstindkøb, herunder kunstnerisk udsmykning?

Det vil jeg meget nødigt sætte et tal på. Jeg synes blot, at man skal tænke tanken. Og når man ser på, hvad vi rent faktisk har opnået med små midler på Århus Amtssygehus, så svarer det til en brøkdel af en promille af sygehusomkostningerne. Vi havde ikke noget stort beløb til rådighed, men når man køber ung kunst, så kan det godt lige pludselig blive til et stort beløb. Det beløb, vi har haft

til rådighed, er ikke et beløb, som overhovedet er accepta-
belt i størrelse, hvis man skal bygge et nyt sygehus. Jeg fin-
der det godt, når staten har som overordnet mål, at der
skal sættes et fast procentuelt beløb af til kunstnerisk
udsmykning i forbindelse med statsligt byggeri. Man kun-
ne håbe på, at det gik igen både i kommunalt og i amtsligt
regi. 1% af et byggebudget til kunstnerisk udsmykning i
bred forstand, det er noget, som batter. Og i virkeligheden
er det jo ikke ret meget i den samlede byggesum – slet
ikke, hvis investeringen i god kunst har den betydning,
som vi to har siddet og snakket om.

Lars Nørgaard. Grundstødt forskning.
Olie på lærred, 70 x 50 cm, 2001.

Det var oplagt, at vi måtte have dette maleri, da vi det år så det på udstilling i Århus i galleri Møller Witt. Der hvor det hænger, kan det ses af alle kirurgerne hver dag på vej til morgenkonference, og endnu oftere af professoren i kirurgi, som må passere billedet, hver gang han skal til sit kontor. Et af hans og afdelingens væsentlige forskningsområder er endetarmens sygdomme, funktion og patofysiologi. Det hører med til historien, at det er en forskning, som drives med stor succes, og at professoren, som ikke kan betegnes som mundlam, sætter pris på maleriet.

Et sådant billede på den plads er således et smukt udtryk for forskellen i omgangstone fra i dag til den tid, som symboliseres af de fire gamle malerier af overlæger på side 32-33. Og så viser dette maleri også, hvor god en tegner Lars Nørgaard er.

Grundstødt forskning viste sig at blive et forarbejde, en inspiration, til et af de ni store malerier, som smykker restauranten, Café Nørgaard, på Statens Museum for Kunst.

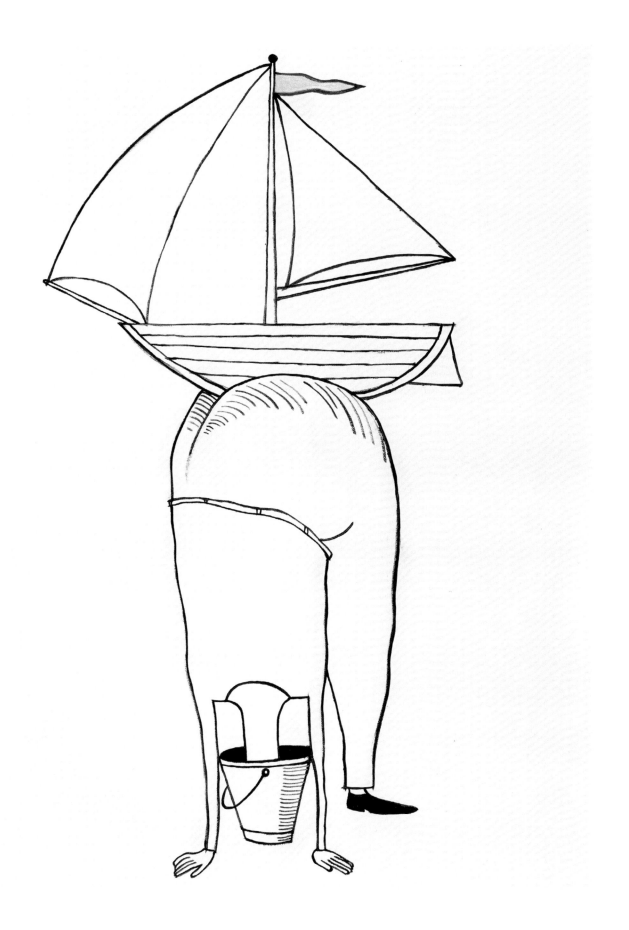

Torben Ebbesen. Hjernelandskab.
Olie på masonit, 110 x 170 cm. 1986.

Torben Ebbesen er født 1945, uddannet på Akademiet 1968-75,
var professor på Universitetet i Gøteborg 1987-99 og har talrige
væsentlige udstillinger på danske og europæiske gallerier og
museer bag sig. I 1990 repræsenterede han Danmark på
Biennalen i Venedig.

Epilog

Den 1. januar 2004 ophørte Amtssygehuset i Århus med at eksistere – på papiret. Det blev sammenlagt med Århus Kommunehospital som Århus Sygehus, og senest, i februar 2005 blev det overordnet besluttet, at alle universitetssygehusene i Århus geografisk og funktionelt skal lægges sammen i en hospitalsby på Skejby Mark. Dette er formentlig et 20-årigt projekt. I mellemtiden vil de gamle sygehusbygninger rumme det sædvanlige liv, og de vil løbende blive vedligeholdt, så de kan danne ramme om en attraktiv arbejdsplads og fortsat give muligheder for optimal behandling af syge.

Ved den foreløbige sammenlægning af de to sygehuse opstod slagordene, "lad os bringe det bedste fra de to sygehuse ind i det nye Århus Sygehus". Som sagt, så gjort. Ideen om, at god kunst kan have positiv betydning både for den syge og for ansatte, er plantet i det nye store sygehus. Som noget af det første nedsattes et nyt kunstudvalg, og der blev udarbejdet statutter for dets virke. Retningslinjerne var lig de tidligere, med de ideer og holdninger, som kan læses ud af denne bog. Som noget ikke uvæsentligt fik kunstudvalget igen et fast årligt budget, nu tilpasset det meget større sygehus.

Vi er allerede begyndt at sætte vore spor. Det har, som altid, når god kunst overrumplende bliver en del af dagligdagen, ført til diskussion, forargede udråb, "skal det nu være kunst", men også til forundring, glæde og begejstring. Om denne kunst skal der ikke fortælles her, men det skal historien om det sidste indkøb, vi foretog på Amtssygehuset.

Det blev et 110 x 170 cm stort maleri af Torben Ebbesen malet på masonit, købt på auktion for den fordelagtige pris af 14.000 kroner i hammerslag. Dets titel var "hjernelandskab". Hvad var mere naturligt end at forære netop dette maleri til Kommunehospitalet som tegn på, "at vi ville bringe det bedste med" fra Amtssygehuset til vort nye fælles sygehus, og hvad var mere naturligt end at give det til "Neurohuset", som foruden øjen- og øreafdelingerne rummer afdelingerne for neurologi og hjernekirurgi. Indgangspartiet til dette store hus, også kaldet højhuset, var et ret lavloftet, kedeligt rum uden andre oplevelsesmuligheder end en gammel rød murstensvæg og nogle anonyme elevatordøre. Ikke nogen opmuntrende velkomst. Torben Ebbesens "mærkelige" maleri gjorde rummet anderledes og spændende – og så hed det hjernelandskab. Hvorfor det? Det giver mange muligheder for at sætte tanker i gang hos patienter, pårørende og ansatte, og noget let tilgængeligt maleri er det heller ikke. Det var måske ikke noget dårligt signal at sende til vore nye samarbejdspartnere. Et godt samarbejde forudsætter et modtageligt sind, åbenhed, vilje til at tænke og handle anderledes. Også god kunst må gerne kræve noget af os – vi får måske desto mere igen.

Fortegnelse over billedkunstnere